ŒUVRES
DE DELILLE.

LES JARDINS.

POÈME

EN QUATRE CHANTS.

PARIS.

1834.

LES JARDINS.

OEUVRES DE DELILLE.

LES JARDINS.

POÈME

EN QUATRE CHANTS.

PARIS.

LEBAILLY, Libraire, rue Dauphine, n°. 24

AVIGNON.

PIERRE CHAILLOT Jeune, place du Palais.

1834.

LES JARDINS.

CHANT I.

Le doux printemps revient, et ranime à la fois
Les oiseaux, les zéphirs, et les fleurs, et ma voix.
Pour quel sujet nouveau dois-je monter ma lyre ?
Ah ! lorsque d'un long deuil la terre enfin respire,
Dans les champs, dans les bois, sur les monts d'alentour,
Quand tout rit de bonheur, d'espérance et d'amour ;
Qu'un autre ouvre aux grands noms les fastes de la gloire,
Sur son char foudroyant qu'il place la victoire ;
Que la coupe d'Atrée ensanglante ses mains :
Flore a souri ; ma voix va chanter les jardins.
Je dirai comme l'art embellit les ombrages,
L'eau, les fleurs, les gazons, et les rochers sauvages ;
Des cités, des aspects sait choisir la beauté,
Donne aux scènes la vie et la variété :
Enfin l'adroit ciseau, la noble architecture,
Des chefs-d'œuvre de l'art vont parer la nature.
  Toi donc qui, mariant la grâce à la vigueur,
Sais du chant didactique animer la langueur,
O muse ! si jadis, dans les vers de Lucrèce,
Des austères leçons tu polis la rudesse ;

Si par toi, sans flétrir le langage des dieux,
Son rival a chanté le soc laborieux ;
Viens orner un sujet plus riche, plus fertile,
Dont le charme autrefois avait tenté Virgile [1].
N'empruntons point ici d'ornement étranger,
Viens, de mes propres fleurs mon front va s'ombrager,
Et, comme un rayon pur colore un beau nuage,
Des couleurs du sujet je teindrai mon langage.

L'art innocent et doux que célèbrent mes vers
Remonte aux premiers jours de l'antique univers.
Dès que l'homme eut soumis les champs à la culture
D'un heureux coin de terre il soigna la parure ;
Et plus près de ses yeux il rangea sous ses lois
Des arbres favoris et des fleurs de son choix.
Du simple Alcinoüs le luxe encor rustique [2]
Décorait un verger. D'un art plus magnifique [3]
Babylone éleva des jardins dans les airs.
Quand Rome au monde entier eut envoyé des fers [4],
Les vainqueurs, dans des parcs ornés par la victoire
Allaient calmer leur foudre et reposer leur gloire.
La Sagesse autrefois habitait les jardins,
Et d'un air plus riant instruisait les humains.
Et quand les dieux offraient un Élysée aux sages,
Étaient-ce des palais ? c'étaient des verts bocages,
C'étaient des prés fleuris, séjour des doux loisirs,
Où d'une longue paix ils goûtaient les plaisirs.

Ouvrons donc, il est temps, ma carrière nouvelle,
Philippe m'encourage, et mon sujet m'appelle [5].

Pour embellir les champs simples dans leurs attraits,
Gardez-vous d'insulter la nature à grands frais.

Ce noble emploi demande un artiste qui pense,
Prodigue de génie et non pas de dépense.
Moins pompeux qu'élégant, moins décoré que beau,
Un jardin, à mes yeux, est un vaste tableau.
Soyez peintre. Les champs, leurs nuances sans nombre,
Les jets de la lumière et les masses de l'ombre,
Les heures, les saisons variant tour à tour
Le cercle de l'année et le cercle du jour,
Et des prés émaillés les riches broderies,
Et des rians coteaux les vertes draperies,
Les arbres, les rochers, et les eaux et les fleurs,
Ce sont là vos pinceaux, vos toiles, vos couleurs :
La nature est à vous ; et votre main féconde
Dispose, pour créer, des élémens du monde.

Mais avant de planter, avant que du terrain
Votre bêche imprudente ait entamé le sein,
Pour donner aux jardins une forme plus pure,
Observez, connaissez, imitez la nature.
N'avez-vous pas souvent, aux lieux infréquentés,
Rencontré tout-à-coup ces aspects enchantés
Qui suspendent vos pas, dont l'image chérie
Vous jette en une douce et longue rêverie ?
Saisissez, s'il se peut, leurs traits les plus frappans,
Et des champs apprenez l'art de parer les champs.

Voyez aussi les lieux qu'un goût savant décore ;
Dans ces tableaux choisis vous choisirez encore.
Dans sa pompe élégante admirez Chantilli.
De héros en héros, d'âge en âge embelli.
Bel œil, tout à la fois magnifique et champêtre [6],
Chanteloup, fier encor de l'exil de son maître,

Nous plairont tour à tour. Tel que ce frais bouton 7,
Timide avant-coureur de la belle saison,
L'aimable Tivoli d'une forme nouvelle
Fit le premier en France entrevoir le modèle.
Les Grâces, en riant, dessinèrent Montreuil 8.
Maupertuis, le Désert, Rincy, Limours, Auteuil 9,
Que dans vos frais sentiers doucement on s'égare !
L'ombre du grand Henri chérit encor Navarre.
Semblable à son auguste et jeune déité 10,
Trianon joint la grâce avec la majesté.
Pour elle il s'embellit, et s'embellit par elle.

Et toi, d'un prince aimable ô l'asile fidèle 11,
Dont le nom trop modeste est indigne de toi,
Lieu charmant ! offre-lui tout ce que je lui doi,
Un fortuné loisir, une douce retraite
Bienfaiteur de mes vers, ainsi que du poète,
C'est lui qui, dans ce choix d'écrivains enchanteurs
Dans ce jardin paré de poétiques fleurs,
Daigne accueillir ma muse. Ainsi du sein de l'herbe,
La violette croît auprès du lis superbe.
Compagnon inconnu de ces hommes fameux,
Ah ! si ma faible voix pouvait chanter comme eux,
Je peindrais tes jardins, le dieu qui les habite,
Les arts et l'amitié qu'il y mène à sa suite.
Beau lieu, fais son bonheur ! et moi, si quelque jour
Grâce à lui, j'embellis un champêtre séjour,
De mon illustre appui j'y placerai l'image.
De mes premières fleurs je lui promets l'hommage :
Pour elle je cultive et j'enlace en festons
Le myrte et le laurier, tous deux chers aux Bourbons ;

Et si l'ombre, la paix, la liberté m'inspire,
À l'auteur de ces dons je dévoûrai ma lyre.

Riche de ses forêts, de ses prés, de ses eaux,
Le Germain offre encor des modèles nouveaux.
Qui ne connaît Rhinsberg qu'un lac immense arrose,
Où se plaisent les arts, où la valeur repose ;
Postdam, de la victoire héroïque séjour,
Postdam qui, pacifique et guerrier tour-à-tour,
Par la paix et la guerre a pesé sur le monde ;
Bellevue où, sans bruit, roule aujourd'hui son onde,
Ce fleuve dont l'orgueil aimait à marier
A ses tresses de jonc des festons de laurier ;
Goscovv, fier de ses plans, Cassel, de ses cascades
Et du charmant Vorlitz les fraîches promenades ?
L'eau, la terre, les monts, les vallons et les bois,
Jamais d'aspects plus beaux n'ont présenté le choix.

Dans les champs des Césars la maîtresse du monde
Offre sous mille aspects sa ruine féconde :
Partout, entremêlés d'arbres pyramidaux,
Marbres, bronzes, palais, urnes, temples, tombeaux,
Parlent de Rome antique ; et la vue abusée
Croit, au lieu d'un jardin, parcourir un musée.

L'Ibère avec orgueil, dans leur luxe royal,
Vante son Aranjuez, son vieil Escurial,
Toi surtout, Idelphonse, et tes fraîches délices.
Là ne sont point ces eaux dont les sources factices,
Se fermant tout-à-coup, par leur morne repos
Attristent le bocage et trompent les échos :
Sans cesse résonnant dans ces jardins superbes,
D'intarissables eaux, en colonnes, en gerbes,

S'élancent, fendent l'air de leurs rapides jets,
Et des monts paternels égalent les sommets :
Lieu superbe où Philippe, avec magnificence,
Défiait son aïeul, et retraçait la France.
　Le Batave à son tour, par un art courageux,
Sut changer en jardins son sol marécageux.
Mais dans le choix des fleurs une recherche vaine,
Des bocages couvrant une insipide plaine,
Sont leur seule parure ; et notre œil attristé
Y regrette des monts la sauvage âpreté :
Mais ses riches canaux et leur rive féconde,
De ses moulins dans l'air, de ses barques sur l'onde,
Des troupeaux dans ses prés les mobiles lointains,
Ses fermes, ses hameaux, voilà ses vrais jardins.
　Des arbres résineux la robuste verdure,
Les mousses, les lichens qui bravent la froidure,
Du Russe, presque seuls, parent le long hiver :
Mais l'art subjugue tout : le feu vainqueur de l'air,
De Flore dans ces lieux entretient la couronne,
Et Vulcain y présente un hospice à Pomone.
Par ses hardis travaux, tel le plus grand des czars
Sut chez un peuple inculte acclimater les arts.
Heureux si des méchants l'absurde frénésie
Ne vient pas en poison changer leur ambroisie ;
Et si de Pierre un jour quelque heureux successeur,
Sans craindre leur danger, sait goûter leur douceur
　Le Chinois offre aux yeux des beautés pittoresques
Des contrastes frappans, et quelquefois grotesques,
Ses temples, ses palais, richement colorés,
Leurs murs de porcelaine, et leurs globes dorés.

Vous dirai-je quel luxe, aux rives ottomanes,
Charme dans leurs jardins les beautés musulmanes ?
Là, les arts enchanteurs prodiguent les berceaux,
Le marbre des bassins, le murmure des eaux,
Les kiosks élégans, les fleurs toujours écloses,
L'empire d'Orient est l'empire des roses.
  Sous un ciel moins heureux, le Sarmate, à son tour,
Présente aux yeux ravis plus d'un riant séjour.
Tel brille ce superbe et riche paysage
Qui fut de Radzivil l'ingénieux ouvrage :
Là tout plaît à nos yeux, le coteau, le vallon ;
Et la belle Arcadie a mérité son nom [2].
  Et pourrais-je oublier ta pompe enchanteresse,
Toi dans qui l'élégance est jointe à la richesse,
Fortuné Pulhavi, qui seul obtins des dieux
Les charmes que le ciel partage à d'autres lieux ?
Quel tableau ravissant présentent tes campagnes !
De quel cadre pompeux l'entourent ces montagnes !
Où du grand Casimir, seul, sans garde et sans cour
Le palais règne encor sur les champs d'alentour,
Détours mystérieux, magnifiques allées,
Bois charmants, verts coteaux, agréables vallées,
Les aspects étrangers, et tes propres trésors,
Tout enchante au dedans, tout invite au dehors.
Dirai-je les forêts dont tes monts se couronnent,
Ou ce chêne, géant des bois qui l'environnent,
Ou ce beau peuplier de qui l'énorme tronc,
Lorsque de cent hivers il a bravé l'affront,
Se festonnant de nœuds d'où sort un vert feuillage,
Semble orné par le temps et rajeuni par l'âge ?

Pour mieux charmer les yeux, au pied de tes coteaux,
La Vistule pour toi roule ses vastes eaux ;
Pour toi son sein blanchit sous des barques agiles ;
Elle baigne tes bois, elle embrasse tes îles.
Quel plaisir, quand le soir jette ses derniers feux,
De voir peints à la fois dans ses flots radieux,
Qu'un beau pourpre colore et qu'un blanc pur argente,
Le soleil expirant et la lune naissante !
Là, d'un chemin public c'est l'aspect animé ;
Du plus loin qu'il te voit, le voyageur charmé
S'arrête, admire, et part emportant ton image ;
Le fleuve, le ruisseau, la forêt, le bocage,
Les arcs lointains des ponts, la flèche des clochers,
Me frappent tour à tour ; tes grottes, tes rochers,
Sont de vastes palais voûtés par la nature ;
D'autres, enfans de l'art, ont chacun leur parure.
Là les fleurs, l'oranger, les myrtes toujours verts,
Jouissent du printemps et trompent les hivers ;
D'un portique pompeux leur abri se décore,
Et leur parfum trahit la retraite de Flore.

Ailleurs, c'est un musée, asile studieux ;
Livres, bronzes, tableaux, là tout charme les yeux,
Là, même après Mérope, Athalie et Zaïre,
Mes faibles vers peut-être obtiennent un sourire.

Rome, Athène, en ces lieux quel art vous imita ?
Je reconnais de loin le temple de Vesta ;
Voici la roche auguste où tonnait la sibylle ;
Sa main n'y trace plus sur la feuille mobile
Ces arrêts fugitifs, tableaux de l'avenir.
Ici c'est le passé qui parle au souvenir.

Ses nombreux monumens enrichissent l'histoire,
Et ce temple est pour nous le temple de mémoire :
J'y trouve le bon roi, l'usurpateur cruel,
Et les traits de Henri près de ceux de Cromwell ;
La chaîne de Stuart, ce livre d'Antoinette
Par qui montait vers Dieu sa prière secrète.
Ah! couple infortuné, sujet de tant de pleurs,
Vos noms seuls prononcés attendrissent les cœurs!

 Au sortir de ce temple où revivent les âges,
Un autre va des lieux me montrer les images :
Imagination, pouvoir que j'ai chanté,
Conduis-moi, porte-moi dans ce temple enchanté,
Où des murs byzantins, d'un temple où le druide
Souillait du sang humain son autel homicide,
D'un palais de l'Écosse et d'un fort de Paris
S'assemblent les fragmens, l'un de l'autre surpris.
Rome, Rome elle-même, en ravages féconde,
Mêle ici sa ruine aux ruines du monde :
Un roc du Capitole y venge l'univers!
Mais un temple est formé de ces débris divers ;
Il peint le monde entier, il orne le bocage,
Et le temps destructeur méconnait son ouvrage.

 Au fond de ce bosquet ; vers ce lieu retiré,
J'avance, et je découvre un débris plus sacré.
Venez ici, vous tous dont l'âme recueillie
Vit des tristes plaisirs de la mélancolie :
Voyez ce mausolée, où le bouleau pliant,
Lugubre imitateur du saule d'Orient,
Avec ses longs rameaux et sa feuille qui tombe,
Triste et les bras pendans, vient pleurer sur la tombe.

Et toi, dont le génie orna ce lieu charmant,
Que ce lieu pour toi-même est un doux monument !
Il te vit, fille heureuse, adorer un bon père,
Te vit heureuse épouse et bienheureuse mère :
Ta fille à ces beautés prête un charme nouveau ;
Elle embellit les fleurs, le bosquet, le ruisseau,
Te rend plus chers les bois chéris de tes ancêtres.
Là vos plus doux plaisirs sont des plaisirs champêtres,
Là communs sont vos vœux, votre bonheur commun ;
Vos parcs sont séparés, et vos cœurs ne font qu'un.

Et moi peintre des champs, moi qui ferai peut-être
Vivre ces beaux jardins que vos mains ont fait naître,
Mon nom, du moins, mon nom habite donc ces lieux,
La pierre qui l'honore est donc chère à mes yeux !
Des groupes de bergers et des chœurs de bergères
Viennent donc quelquefois de leurs danses légères
Animer la prairie où gît modestement,
Au bord d'un clair ruisseau, mon humble monument
Ah ! que ne peut ma voix s'y faire un jour entendre !
Mes chans vous rendraient grâce ; et, pour une âme tendre
Quels sons harmonieux, quels accords ravissans,
De la reconnaissance égalent les accens ?
Entendez donc sa voix ; et que son doux langage
Pour moi soit un plaisir et pour vous un hommage.

Enfin, je viens à toi, florissante Albion,
Au bel art des jardins instruite par Bacon :
De Pope, de Milton les chants le secondèrent,
A leurs voix les vieux parcs, les terrasses tombèrent
Le niveau fut brisé, tout fut libre ; et tes mains
Ont, comme tes cités, affranchi tes jardins.

Un goût plus pur orna, dessina les bocages ;
Eh ! qui pourrait compter les parcs, les paysages,
Les sites enchanteurs qu'arrose, dans son cours,
Ce fleuve impérieux, qui, dans ses longs détours,
Parmi des prés fleuris, des campagnes fécondes,
Marche vers l'Océan en souverain des ondes,
Plus riche que l'Hermus, plus vaste que le Rhin,
Et dont l'urne orgueilleuse est l'urne du destin ?

Combien j'aime Park-place, où content d'un bocage
L'ambassadeur des rois se plaît à vivre en sage :
Leasowe, de Shenstone autrefois le séjour
Où tout parle de vers, d'innocence et d'amour ;
Hagley, nous déployant son élégance agreste,
Et Pain'shill, si charmant dans sa beauté modeste,
Et Bowlton et Foxly, que le bon goût planta,
Fier d'obéir lui-même aux lois qu'il nous dicta ;
Tous deux voisins, tous deux aimés des dieux champêtres;
Et, malgré leur contraste, amis comme leurs maîtres !

Toi-même viens enfin prendre place en mes chants,
Chiswick, plein des trésors de la ville et des champs,
Soit que dans tes bosquets j'admire la nature,
Soit que ton élégante et noble architecture,
Dans ce beau pavillon, dont l'œil est amoureux,
Du grand Palladio m'offre l'ouvrage heureux,
Soit que, dans ce salon où la toile respire,
La Flandre et l'Ausonie offrent à Devonshire
D'innombrables beautés, qu'efface un de ses traits.
Charmez donc ses loisirs, beaux lieux, air frais,
Et, quand son goût vous prête une grâce nouvelle
Croissez, ombragez-vous, et fleurissez pour elle.

J'ai dit les lieux charmans que l'art peut imiter ;
Mais il est des écueils que l'art doit éviter,
L'esprit imitateur trop souvent nous abuse,
Ne prêtez point au sol des beautés qu'il refuse.
Avant tout, connaissez votre site ; et du lieu
Adorez le Génie, et consultez le Dieu ;
Ses lois impunément ne sont pas offensées,
Cependant, moins hardi qu'étrange en ses pensées,
Tous les jours, dans les champs, un artiste sans goût
Change, mêle, déplace, et dénature tout,
Et, par l'absurde choix des beautés qu'il allie,
Revient gâter en France un site d'Italie.
  Ce que votre terrain adopte avec plaisir,
Sachez le reconnaître, osez vous en saisir.
C'est mieux que la nature, et cependant c'est elle ;
C'est un tableau parfait qui n'a point de modèle.
Ainsi savaient choisir les Berghems, les Poussins.
Voyez, étudiez leurs chefs-d'œuvre divins :
Et ce qu'à la campagne emprunta la peinture,
Que l'art reconnaissant le rende à la nature.
  Maintenant des terrains examinons le choix,
Et quels lieux se plairont à recevoir vos lois.
Il fut un temps funeste où, tourmentant la terre,
Aux sites les plus beaux l'art déclarait la guerre ;
Et comblant les vallons, et rasant les coteaux,
D'un sol heureux formait d'insipides plateaux.
Par un contraire abus, l'art, tyran des campagnes,
Aujourd'hui veut créer des vallons, des montagnes.
Évitez ces excès : vos soins infructueux
Vainement combattraient un terrain montueux ;

Et dans un sol égal un humble monticule
Veut être pittoresque, et n'est que ridicule.

Désirez-vous un lieu propice à vos traveaux ?
Loin des champs trop unis, des monts trop inégaux,
J'aimerais ces hauteurs où, sans orgueil, domine
Sur un riche valon une belle colline.
Là, le terrain est doux sans insipidité,
Élevé sans raideur, sec sans aridité.
Vous marchez : l'horison vous obéit : la terre
S'élève ou redescend, s'étend ou se resserre.
Vos sites, vos plaisirs changent à chaque pas.

Qu'un obscur arpenteur, armé de son compas,
Au fond d'un cabinet, d'un jardin symétrique
Confie au froid papier le plan géométrique ;
Vous, venez sur les lieux. Là, le crayon en main,
Dessinez ces aspects, ces coteaux, ce lointain ;
Devinez les moyens, pressentez les obstacles :
C'est des difficultés que naissent les miracles.
Le sol le plus ingrat connaîtra la beauté.
Est-il nu ? que des bois parent sa nudité :
Couvert ? portez la hache en ses forêts profondes :
Humide ? en lacs pompeux, en rivières fécondes,
Changez cette onde impure ; et, par d'heureux travaux,
Corrigez à la fois l'air, la terre et les eaux ;
Aride, enfin ? cherchez, sondez, fouillez encore ;
L'eau, lente à se trahir, peut-être est près d'éclore.
Ainsi, d'un long effort moi-même rebuté,
Quand j'ai d'un froid détail maudit l'aridité,
Soudain un trait heureux jaillit d'un fond stérile,
Et mon vers ranimé coule enfin plus facile.

Il est des soins plus doux, un art plus enchanteur.
C'est peu de charmer l'œil, il faut parler au cœur.
Avez-vous donc connu ces rapports invisibles
Des corps inanimés et des êtres sensibles ?
Avez-vous entendu des eaux, des prés, des bois,
La muette éloquence et la secrète voix ?
Rendez-nous ces effets. Que du riant au sombre,
Du noble au gracieux, les passages sans nombre
M'intéressent toujours. Simple et grand, fort et doux
Unissez tous les tons pour plaire à tous les goûts.
Là, que le peintre vienne enrichir sa palette ;
Que l'inspiration y trouble le poète ;
Que le sage du calme y goûte les douceurs ;
L'heureux, ses souvenirs ; le malheureux, ses pleurs.

Mais l'audace est commune, et le bon sens est rare.
Au lieu d'être piquant, souvent on est bizarre.
Gardez que, mal unis, ces effets différens
Ne forment qu'un chaos de traits incohérens.
Les contradictions ne sont pas des contrastes.

D'ailleurs, à ces tableaux il faut des toiles vastes.
N'allez pas resserrer dans des cadres étroits,
Des rivières, des lacs, des montagnes, des bois.
On rit de ces jardins, absurde parodie
Des traits que jette en grand la nature hardie ;
Où l'art invraisemblable à la fois et grossier,
Enferme en un arpent un pays tout entier.

Au lieu de cet amas, de ce confus mélange,
Variez les sujets, ou que leur aspect change :
Rapprochés, éloignés, entrevus, découverts,
Qu'ils offrent tour à tour vingt spectacles divers.

Que de l'effet qui suit l'adroite incertitude
Laisse à l'œil curieux sa douce inquiétude ;
Qu'enfin les ornemens avec goût soient placés,
Jamais trop imprévus, jamais trop annoncés.

 Surtout du mouvement : sans lui, sans sa magie,
L'esprit désoccupé retombe en léthargie ;
Sans lui, sur vos champs froids mon œil glisse au hasard.
Des grands peintres encor faut-il attester l'art ?
Voyez-les prodiguer de leur pinceau fertile
De mobiles objets sur la toile immobile,
L'onde qui fuit, le vent qui courbe les rameaux,
Les globes de fumée exhalés des hameaux,
Les troupeaux, les pasteurs, et leurs jeux et leur danse ;
Saisissez leur secret, plantez en abondance
Ces souples arbrisseaux, et ces arbres mouvans,
Dont la tête obéit à l'haleine des vents ;
Quels qu'ils soient, respectez leur flottante verdure,
Et défendez au fer d'outrager la nature.
Voyez-la dessiner ces chênes, ces ormeaux ;
Voyez comment sa main, du tronc jusqu'aux rameaux,
Des rameaux au feuillage, augmentant leur souplesse,
Des ondulations leur donna la mollesse.
Mais les ciseaux cruels.... Prévenez ce forfait,
Nymphes des bois, courez. Que dis-je ? c'en est fait :
L'acier a retranché leur cime verdoyante ;
Je n'entends plus au loin sur leur tête ondoyante
Le rapide Aquilon légèrement courir,
Frémir dans leurs rameaux, s'éloigner, et mourir :
Froids, monotones, morts, du fer qui les mutile
Ils semblent avoir pris la raideur immobile.

Vous donc, dans vos tableaux amis du mouvement,
A vos arbres laissez leur doux balancement
Qu'en mobiles objets la prespective abonde :
Faites courir, tomber et rejaillir cette onde :
Vous voyez ces vallons et ces coteaux déserts ;
Des différens troupeaux dans les sites divers,
Envoyez, répandez les peuplades nombreuses
Là, du sommet lointain des roches buissonneuses,
Je vois la chèvre pendre ; ici de mille agneaux
L'écho porte les cris de coteaux en coteaux.
Dans ces prés abreuvés des eaux de la colline,
Couché sur ses genoux, le bœuf pesant rumine :
Tandis qu'impétueux, fier, inquiet, ardent,
Cet animal guerrier qu'enfanta le trident
Déploie, en se jouant dans un gras pâturage,
Sa vigueur indomptée et sa grâce sauvage.
Que j'aime et sa souplesse et son port animé !
Soit que dans le courant du fleuve accoutumé,
En frissonnant il plonge, et, luttant contre l'onde,
Batte du pied le flot qui blanchit et qui gronde ;
Soit qu'à travers les prés il s'échappe par bonds ;
Soit que, livrant aux vents ses longs crins vagabonds,
Superbe, l'œil en feu, les narines fumantes,
Beau d'orgueil et d'amour, il vole à ses amantes :
Quand je ne le vois plus, mon œil le suit encor.

   Ainsi de la nature épuisant le trésor,
Le terrain, les aspects, les eaux et les ombrages
Donnent le mouvement, la vie aux paysages.

   Voulez-vous mieux encor fixer l'œil enchanté ?
Joignez au mouvement un air de liberté ;

Et laissant des jardins la limite indécise,
Que l'artiste l'efface, ou du moins la déguise.
Où l'œil n'espère plus, le charme disparaît.
Aux bornes d'un beau lieu nous touchons à regret :
Bientôt il nous ennuie, et même nous irrite :
Au-delà de ces murs, importune limite,
On imagine encor de plus aimables lieux ;
Et l'esprit inquiet désenchante les yeux.

 Quand, toujours guerroyant, vos gothiques ancêtres
Transformaient en champs-clos leurs asiles champêtres,
Chacun dans son donjon, de murs environné,
Pour vivre sûrement, vivait emprisonné.
Mais que fait aujourd'hui cette ennuyeuse enceinte
Que conserve l'orgueil et qu'inventa la crainte ?
A ces murs qui gênaient, attristaient les regards,
Le goût préférerait ces verdoyans remparts,
Ces murs tissus d'épine, où votre main tremblante
Cueille ou la rose inculte, ou la mûre sanglante.

 Mais les jardins bornés m'importunent encor.
Loin de ce cercle étroit prenons enfin l'essor
Vers un genre plus vaste et des formes plus belles,
Dont seul Ermenonville offre encor des modèles.
Les jardins appelaient les champs dans leur séjour ;
Les jardins dans les champs vont entrer à leur tour.

 Du haut de ces coteaux, de ces monts d'où la vue
D'un vaste paysage embrasse l'étendue,
La nature au Génie a dit : « Écoute-moi :
« Tu vois tous ces trésors ; ces trésors sont à toi.
« Dans leur pompe sauvage et leur brute richesse,
« Mes travaux imparfaits implorent ton adresse. »
Elle dit. Il s'élance ; il va de tous côtés

Fouiller dans cette masse où dorment cent beautés ;
Des vallons aux coteaux, des bois à la prairie,
Il retouche en passant le tableau qui varie ;
Il sait, au gré des yeux, réunir, détacher,
Éclairer, rembrunir, découvrir ou cacher.
Il ne compose pas ; il corrige, il épure,
Il achève les traits qu'ébaucha la nature.
Le front des noirs rochers a perdu sa terreur ;
La forêt égayée adoucit son horreur ;
Un ruisseau s'égarait, il dirige sa course ;
Il s'empare d'un lac, s'enrichit d'une source.
Il veut, et des sentiers courent de toutes parts
Chercher, saisir, lier tous ses membres épars,
Qui, surpris, enchantés du nœud qui les rassemble,
Forment de cent détails un magnifique ensemble.

Ces grands travaux peut-être épouvantent votre art.
Rentrez dans nos vieux parcs, et voyez d'un regard
Ces riens dispendieux, ces recherches frivoles,
Ces treillages sculptés, ces bassins, ces rigoles
Avec bien moins de frais qu'un art minutieux
N'orna ce seul réduit qui plaît un jour aux yeux,
Vous allez embellir un paysage immense.
Tombez devant cet art, fausse magnificence ;
Et qu'un jour transformée en un nouvel Éden,
La France à nos regards offre un vaste jardin.

Dans mes leçons encor je voudrais vous apprendre
L'art d'avertir les yeux, et l'art de les surprendre.
Mais, avant de dicter des préceptes nouveaux,
Deux genres, dès long-temps ambitieux rivaux,
Se disputent nos vœux. L'un à nos yeux présente

D'un dessin régulier l'ordonnance imposante,
Prête aux champs des beautés qu'ils ne connaissaient pas,
D'une pompe étrangère embellit leurs appas,
Donne aux arbres des lois, aux ondes des entraves,
Et, despote orgueilleux, brille entouré d'esclaves;
Son air est moins riant et plus majestueux.
L'autre, de la nature amant respectueux,
L'orne sans la farder, traite avec indulgence
Ses caprices charmans, sa noble négligence,
Sa marche irrégulière, et fait naître avec art
Des beautés du désordre, et même du hasard.
 Chacun d'eux a ses droits; n'excluons l'un ni l'autre;
Je ne décide point entre Kent et le Nôtre [3].
L'un, content d'un verger, d'un bocage, d'un bois,
Dessine pour le sage, et l'autre pour les rois.
Les rois sont condamnés à la magnificence :
On attend autour d'eux l'effort de la puissance;
On y veut admirer, enivrer ses regards
Des prodiges du luxe, et du faste des arts.
L'art peut donc subjuguer la nature rebelle;
Mais c'est toujours en grand qu'il doit triompher d'elle.
Son éclat fait ses droits ; c'est un usurpateur
Qui doit obtenir grâce à force de grandeur.
Loin donc ces froids jardins, colifichet champêtre,
Insipides réduits, dont l'insipide maître
Vous vante, en s'admirant, ses arbres bien peignés,
Ses petits salons verts bien tondus, bien soignés;
Son plan bien symétrique, où, jamais solitaire,
Chaque allée a sa sœur, chaque berceau son frère;
Ses sentiers ennuyés d'obéir au cordeau,

Son parterre brodé, son maigre filet d'eau,
Ses buis tournés en globe, en pyramide, en vase,
Et ses petits bergers bien guindés sur leur base.
Laissez-le s'applaudir de son luxe mesquin :
Je préfère un champ brut à son triste jardin.

    Loin de ces vains apprêts, de ces petits prodiges,
Venez, suivez mon vol au pays des prestiges,
A ce pompeux Versaille, à ce riant Marli,
Que Louis, la nature et l'art ont embelli :
C'est là que tout est grand, que l'art n'est point timide;
Là tout est enchanté, c'est le palais d'Armide ;
C'est le jardin d'Alcine, ou plutôt d'un héros,
Noble dans sa retraite et grand dans son repos,
Qui cherche encore à vaincre, à dompter des obstacles ;
Et ne marche jamais qu'entouré de miracles.
Voyez-vous et les eaux, et la terre, et les bois,
Subjugués à leur tour, obéir à ses lois ;
A ces douze palais d'élégante structure
Ces arbres marier leur verte architecture,
Ces bronzes respirer, ces fleuves suspendus,
En gros bouillons d'écume à grand bruit descendus,
Tomber, se prolonger dans des canaux superbes,
Là s'échapper en nappe, ici monter en gerbes,
Et, dans l'air s'enflammant aux feux d'un soleil pur
Pleuvoir en gouttes d'or, d'émeraude et d'azur ?
Si j'égare mes pas dans ces bocages sombres,
Des faunes, des sylvains en ont peuplé les ombres,
Et Diane et Vénus enchantent ce beau lieu.
Tout bosquet est un temple et tout marbre est un dieu ;
Et Louis, respirant du fracas des conquêtes,

Semble avoir invité tout l'Olympe à ses fêtes.
C'est dans ces grands effets que l'art doit se montrer.
Mais l'esprit aisément se lasse d'admirer :
J'applaudis l'orateur dont les nobles pensées
Roulent pompeusement, avec soins cadencées ;
Mais ce plaisir est court. Je quitte l'orateur
Pour chercher un ami qui me parle du cœur [14].
Du marbre, de l'airain, qu'un vain luxe prodigue,
Des ornemens de l'art l'œil bientôt se fatigue ;
Mais les bois, mais les eaux, mais les ombrages frais,
Tout ce luxe innocent ne fatigue jamais.
Aimez donc des jardins la beauté naturelle ;
Dieu lui-même aux mortels en traça le modèle.
Regardez dans Milton [15], quand ses puissantes mains
Préparent un asile au premier des humains :
Le voyez-vous tracer des routes régulières,
Contraindre dans leur cours des ondes prisonnières ?
Le voyez-vous parer d'étrangers ornemens
L'enfance de la terre et son premier printemps ?
Sans contrainte, sans art, de ces douces prémices
La nature épuisa les plus pures délices.
Des plaines, des coteaux le mélange charmant,
Les ondes à leur choix errantes mollement ;
Des sentiers sinueux les routes indécises,
Le désordre enchanteur, les piquantes surprises,
Des aspects où les yeux hésitaient à choisir,
Variaient, suspendaient, prolongeaient leur plaisir.
Sur l'émail velouté d'une fraîche verdure,
Mille arbres, de ces lieux ondoyante parure.
Charme de l'odorat, du goût et des regards,

Élégamment groupés, négligemment épars,
Se fuyaient, s'approchaient, quelquefois à leur vue
Ouvraient dans le lointain une scène imprévue ;
Ou, tombant jusqu'à terre et recourbant leurs bras,
Venaient d'un doux obstacle embarrasser leurs pas ;
Ou pendaient sur leur tête en festons de verdure,
Et de fleurs, en passant, semaient leur chevelure.
Dirai-je ces forêts d'arbustes, d'arbrisseaux,
Entrelaçant en voûte, en alcôve, en berceaux,
Leurs bras voluptueux et leurs tiges fleuries ?
 C'est là que, les yeux pleins de tendres rêveries,
Eve à son jeune époux abandonna sa main,
Et rougit comme l'aube aux portes du matin.
Tout les félicitait dans toute la nature,
Le ciel par son éclat, l'onde par son murmure ;
La terre en tressaillant ressentit leurs plaisirs ;
Zéphyre aux antres verts redisait leurs soupirs ;
Les arbres frémissaient, et la rose, inclinée,
Versait tous ses parfums sur le lit d'hyménée...
O bonheur ineffable ! ô fortunés époux !
Heureux dans ses jardins ; heureux qui, comme vous,
Vivrait loin des tourmens où l'orgueil est en proie,
Riche de fruits, de fleurs, d'innocence et de joie !
 Ah ! si la paix des champs, si leurs heureux loisirs
N'étaient pas le plus pur, le plus doux des plaisirs,
D'où viendrait sur nos cœurs leur secrète puissance ?
Tout regrette ou chérit leur paisible innocence.
Le sage à son jardin destine ses vieux ans ;
Un grand fuit son palais pour sa maison des champs ;
Le poète recherche un bosquet solitaire ;

A son triste bureau le marchand sédentaire,
Lassé de ses calculs, lassé de son comptoir,
D'avance se promet un champêtre manoir,
Rêve ses boulingrins, ses arbres, son bocage,
Et d'un verger futur se peint déjà l'image.
Que dis-je ? Au doux repos invitant de grands cœurs,
Un jardin quelquefois fut le prix des vainqueurs ;
Là le terrible Mars, sans glaive, sans tonnerre,
Las de l'ensanglanter, fertilise la terre ;
Au lieu de ses soldats il compte ses troupeaux ;
Au chêne du bocage il suspend ses drapeaux :
Sur ses foudres éteints je vois s'asseoir Pomone ;
Palès ceint en riant les lauriers de Bellone,
Et l'airain, désormais fatal aux daims légers,
A rendu les échos aux chansons des bergers.
Tel est Bleinheim, Bleinheim la gloire de ses maîtres [16],
Plein des pompes de Mars et des pompes champêtres ;
En vain ce nom fameux atteste nos revers,
Monument d'un grand homme, il a droit à mes vers.
Si des arts créateurs j'y cherche les prodiges,
Partout l'œil est charmé de leurs brillans prestiges,
Et l'on doute, à l'aspect de ces nobles travaux,
Qui doit frapper le plus du peuple ou du héros.
Si j'y viens des vieux temps retrouver la mémoire,
Je songe, ô Rosamonde ! à ta touchante histoire [17].
De Rose mieux que toi qui mérita le nom ?
En vain de la beauté le ciel t'avait fait don,
Tendre et fragile fleur, flétrie en ton jeune âge,
Tu ne vécus qu'un jour, ce fut un jour d'orage....
Dans ce nouveau dédale, où te cacha Merlin,

Ta rivale en fureur pénètre, un fil en main ;
Et, livrant Rosamonde à sa rage inhumaine,
Ce qui servit l'amour fait triompher la haine.

Ah ! malheureux objet et de haine et d'amour,
Tu n'es plus ; mais ton ombre habite ce séjour :
Chacun vient t'y chercher de tous les coins du monde,
Chacun grossit de pleurs le puits de Rosamonde ;
Ton nom remplit encor ce bosquet enchanté,
Et, pour comble de gloire, Addison t'a chanté !

Mais ces tendres amours et ce récit antique,
Qu'ont-ils de comparable au vœu patriotique
Qui, gravé sur l'airain par un don glorieux,
Acquitta de Malbrough les faits victorieux ?

Je ne décrirai point ce palais, qui présente
La solide beauté de sa masse imposante,
Et promet de porter aux siècles à venir
D'un bienfait immortel l'immortel souvenir :
Ni ces riches tapis, où combattent entre elles
La palme de Bleinheim et la palme d'Arbelles ;
Ni du triomphateur le bronze colossal ;
Du prodige de Rhode audacieux rival ;
Ni ce pont, monument de tendresse et de gloire,
Que l'hyménée en deuil offrit à la victoire ;
Ce pont digne de Rome, et tel, que dans son sein
Aurait pu s'épancher l'urne immense du Rhin.

Ah ! dans cette héroïque et riante retraite,
O champs ! d'autres beautés frappent votre poète !
Assez long-temps de l'art les fastueux apprêts,
Et le bronze immobile, et les arbres muets,
De tant d'autres vainqueurs furent le prix vulgaire ;

Il faut d'autres honneurs à ce foudre de guerre.
Par un don plus nouveau, mais non moins solennel,
Grand comme ses desseins et comme eux éternel,
La nature elle-même, avec magnificence,
Consacre le bienfait et la reconnaissance :
Dans un jardin superbe, à fêter un héros
Elle-même elle invite et la terre et les flots :
Pour chanter ses exploits les bois ont leurs Orphées;
Leur ombrage est son dais, leurs festons ses trophées;
Le ciel à son triomphe enchaîne les saisons;
De leurs fruits tous les ans son char reçoit les dons;
Tous les ans de leurs fleurs les brillantes prémices
Reviennent de son front parer les cicatrices :
L'été conte à l'été, le printemps au printemps,
Sa journée immortelle et ses faits éclatans ;
La veillée en redit l'histoire triomphante ;
Le hameau les apprend, la bergère les chante :
Point de terme au bienfait : un peuple généreux
Paîra le sang du père à ses derniers neveux ;
Et, sur eux étendant sa longue bienfaisance,
Comme le ciel punit, Albion récompense.

 Ah! pour comble d'honneur, puisse un Spencer nouveau
Par un chant de famille honorer son tombeau !
Malbrough ! Spencer ! l'honneur du moderne Élysée !
Malbrough en est l'Achille, et Spencer le musée ;
Mais, dans la douce paix des bois élysiens,
Malbrough, heureux Bleinheim, regrette encor les tiens,
Tant ce prix glorieux fut cher à sa grande âme !
Vous donc, fiers de leurs noms, vous que leur gloire enflamme,
Vous serez dignes d'eux, vous serez les Spencers

Les Jardins.

Qui chérissent les arts et commandent aux mers :
Bienfaitrice sévère, Albion vous contemple ;
Salaire des vertus, Bleinheim en doit l'exemple ;
Oui, s'il ne reproduit un exemple si beau,
Le temple de la gloire en devient le tombeau ;
Mais que dis-je ? aux talens, au vieil honneur fidèle,
Bleinheim au monde encore en offre le modèle ;
L'immortelle Uranie en habite les tours ;
Là de plus d'une étoile Herschel traça le cours,
Herschel qui de Newton agrandit l'héritage.
Un jour peut-être, un jour, par un nouvel hommage,
Malbrough, astre nouveau, prendra sa place aux cieux ;
Herschel lui marquera son chemin radieux.
Jadis craint sur la terre, aujourd'hui sur les ondes,
Ses feux à vos vaisseaux montreront les deux mondes ;
Mais quels lieux verront-ils, quel climat reculé
Où du fameux Malbrough le nom n'ait pas volé,
Et ne se mêle pas, sur ses plages lointaines,
Aux grands noms des Condés, aux grands noms des Turennes ?

A ces noms mon cœur bat, des pleurs mouillent mes yeux :
O France ! ô doux pays, berceau de nos aïeux !
Si je puis t'oublier, si tu n'es pas sans cesse
Le sujet de mes chants, l'objet de ma tendresse,
Que de te voir jamais je perde le bonheur,
Que mon nom soit sans gloire, et mes chants sans honneur.

Adieu, Bleinheim ; Chambord à son tour me rappelle 19,
Chambord qu'obtint, pour prix de sa palme immortelle,
Ce Saxon, ce héros adopté par mon roi,
Par qui Bleinheim peut-être envia Fontenoi.
Là ne s'élèvent point des tours si magnifiques,

D'aussi riches palais , d'aussi vastes portiques ;
Mais sa gloire l'y suit, mais à de feints combats
Lui-même , en se jouant , conduit ses vieux soldats.
Tel , au bord du Léthé , les héros du vieil âge
De la guerre, dit-on , aiment toujours l'image ;
Et, dans ces lieux de paix trouvant les champs de Mars,
Dardent encor la lance , et font voler des chars.

FIN DU CHANT I.

CHANT II.

Oh! si j'avais ce luth dont le charme autrefois
Entraînait sur l'Hémus les rochers et les bois,
Je le ferais parler ; et sur les paysages
Les arbres tout-à-coup déploîraient leurs ombrages ;
Le chêne, le tilleul, le cèdre et l'oranger,
En cadence viendraient dans mes champs se ranger.
Mais l'antique harmonie a perdu ses merveilles :
La lyre est sans pouvoir, les rochers sans oreilles ;
L'arbre reste immobile aux sons les plus flatteurs,
Et l'art et le travail sont les seuls enchanteurs.

Apprenez donc de l'art quel soin et quelle adresse
Prête aux arbres divers la grâce ou la richesse.

Par ses fruits, par ses fleurs, par son beau vêtement,
L'arbre est de nos jardins le plus bel ornement :
Pour mieux plaire à nos yeux combien il prend de formes !
Là, s'étendent ses bras pompeusement informes ;
Sa tige ailleurs s'élance avec légèreté.
Ici, j'aime sa grâce ; et là, sa majesté :
Il tremble au moindre souffle, ou contre la tempête
Raidit son tronc noueux et sa robuste tête ;
Rude ou poli, baissant ou dressant ses rameaux,
Véritable Protée entre les végétaux,
Il change incessamment, pour orner la nature,
Sa taille, sa couleur, ses fruits et sa verdure.

Ces effets variés sont les trésors de l'art,
Que le goût lui défend d'employer au hasard.
Des divers plants encor la forme et l'étendue
Sous des aspects divers viennent charmer la vue.
Tantôt un bois profond, sauvage, ténébreux,
Epanche une ombre immense; et tantôt moins nombreux
Un plant d'arbres choisis forme un riant bocage :
Plus loin, distribués dans un frais paysage,
Des groupes élégans frappent l'œil enchanté ;
Ailleurs, se confiant à sa propre beauté,
Un arbre seul se montre, et seul orne la terre.
Tel, si la paix des champs peut rappeler la guerre,
Une nombreuse armée étale à nos regards
Des bataillons épais, des pelotons épars ;
Et là, fier de sa force et de sa renommée,
Un héros seul avance, et vaut seul une armée.
Tous ces plants différens suivent diverses lois.

Dans les jardins de l'art, notre luxe autrefois
Des arbres isolés dédaignait la parure :
Ils plaisent aujourd'hui dans ceux de la nature.
Par un caprice heureux, par de savans hasards,
Leurs plants désordonnés charmeront nos regards.
Qu'ils diffèrent d'aspect, de forme, de distance ;
Que toujours la grandeur, ou du moins l'élégance,
Distingue chaque tige, ou que l'arbre honteux
Se cache dans la foule et disparaisse aux yeux.
Mais lorsqu'un chêne antique, ou lorsqu'un vieil érable,
Patriarche des bois, lève un front vénérable,
Que toute sa tribu, se rangeant à l'entour,
S'écarte avec respect, et compose sa cour ;

Ainsi l'arbre isolé plaît aux champs qu'il décore.
 Avec bien plus de choix et plus de goût encore
Les groupes offriront mille tableaux heureux.
D'arbres plus ou moins forts, et plus ou moins nombreux,
Formez leurs masse épaisse ou leurs touffes légères :
De loin l'œil aime à voir tout ce peuple de frères.
C'est par eux que l'on peut varier ses dessins,
Rapprocher et tantôt repousser les lointains,
Séparer, réunir ; et sur les paysages
Etendre ou replier le rideau des ombrages,
 Vos groupes sont formés : il est temps que ma voix
A connaître un peu d'art accoutume les bois.
 Bois augustes, salut ! Vos voûtes poétiques
N'entendent plus le Barde et ses affreux cantiques;
Un délire plus doux habite vos déserts ;
Et vos antres encor nous instruisent en vers.
Vous inspirez les miens, ombres majestueuses
Souffrez donc qu'aujourd'hui mes mains respectueuses
Viennent vous embellir, mais sans vous profaner ;
C'est de vous que je veux apprendre à vous orner.
 Les bois peuvent s'offrir sous des aspects sans nombre
Ici, des troncs pressés rembruniront leur ombre,
Là, de quelques rayons égayant ce séjour,
Formez un doux combat de la nuit et du jour ;
Plus loin, marquant le sol de leurs feuilles légères,
Quelques arbres épars joûront dans les clairières,
Et, flottant l'un vers l'autre, et n'osant se toucher,
Paraîtront à la fois se fuir et se chercher.
Ainsi, le bois par vous perd sa rudesse austère :
Mais n'en détruisez pas le grave caractère ;

De détails trop fréquens, d'objets minutieux,
N'allez pas découper son ensemble à nos yeux ;
Qu'il soit un, simple et grand, et que votre art lui laisse
Avec toute sa pompe un peu de sa rudesse.
Montrez ces troncs brisés ; je veux de noirs torrens
Dans les creux des ravins suivre les flots errans.
Du temps, des eaux, de l'air, n'effacez point la trace
De ces rochers pendans respectez la menace ;
Et qu'enfin dans ces lieux empreints de majesté
Tout respire une mâle et sauvage beauté.

Mais tel est des humains l'instinct involontaire ;
Le désert les effraie. En ce bois solitaire
Placez donc, s'il se peut, pour consoler le cœur,
L'asile du travail ou celui du malheur.

Il est des temps affreux où des champs de leurs pères
Des proscrits sont jetés aux terres étrangères :
Ah ! plaignez leur destin, mais félicitez-vous ;
De vos riches tableaux le tableau le plus doux,
A ces infortunés vous le devrez peut-être ;
Que dans l'immensité de votre enclos champêtre
Un coin leur soit gardé ; donnez à leurs débris,
Au fond de vos forêts, de tranquilles abris ;
A vos palais pompeux opposez leurs cabanes ;
Peuplés par eux, vos bois ne seront plus profanes,
Et leur touchant aspect consacrera ces lieux.

Mais surtout, si l'exil de leur cloître pieux
A banni ces reclus qui sous des lois austères
Dérobent aux humains leurs tourmens volontaires,
Ces enfans de Bruno, ces enfans de Rancé,
Qui tous, morts au présent, expiant le passé,

Entre le repentir et la douce espérance,
Vers un monde à venir prennent leur vol immense,
Accueillez leur malheur, et que sous d'humbles toits
Paisible colonie, ils habitent vos bois.
A peine on aura su le sort qui les exile,
Vos soins hospitaliers, et leur modeste asile,
Des hameaux d'alentour femmes, enfans, vieillards,
Vers ces hôtes sacrés courront de toutes parts :
La richesse y viendra visiter l'indigence ;
L'orgueil, l'humilité ; le plaisir, la souffrance :
Vous-même, abandonnant pour leurs âpres forêts
Et vos salons dorés et vos ombrages frais,
Viendrez au milieu d'eux dans une paix profonde
Désenchanter vos cœurs des voluptés du monde ;
Loin de ce monde où règne un air contagieux,
Vous aimerez ce bois sombre et religieux,
Ses pâles habitans, leur rigide abstinence,
Leur saint recueillement, leur éternel silence,
Et, la bêche à la main, la pénitence en deuil,
Anticipant la mort, et creusant son cercueil.
La terre sentira leur présence féconde :
Pour vous, pour vos moissons, vers le Maître du monde
Ils lèveront leurs mains ; vous devrez à leurs vœux
Et les biens d'ici-bas, et les trésors des cieux ;
Et lorsqu'à la lueur des lampes sépulcrales,
De silences profonds, coupés par intervalles,
Du sein de la forêt leurs nocturnes concerts
En sons lents et plaintifs monteront dans les airs,
Peut-être à ces accens vous trouverez des charmes ;
Vous envirez leurs pleurs, vous y joindrez vos larmes ;

Et le corps sur la terre, et l'esprit dans le ciel,
Vos vœux iront ensemble aux pieds de l'Éternel.
Ainsi votre forêt prend un aspect moins rude ;
Vous charmez son effroi, peuplez sa solitude,
Animez son silence, et goûtez à la fois
Les charmes d'un bienfait et le charme des bois ;
Mais sans nuire à sa pompe égayez sa tristesse.

  Le bocage, moins fier, avec plus de molesse
Déploie à nos regards des tableaux plus rians,
Veut un site agréable et des contours lians,
Fuit, revient, et s'égare en routes sinueuses,
Promène entre des fleurs des eaux voluptueuses ;
Et j'y crois voir encore, ivre d'un doux loisir,
Épicure dicter les leçons du plaisir.

  Mais c'est peu qu'en leur sein les bois ou le bocage
Renferment leur richesse élégante ou sauvage,
Dans l'art d'orner les champs, comme dans nos écrits
A la variété le goût donne le prix :
Cette variété, séduisante déesse,
Qui, flattant de nos cœurs l'inconstante faiblesse,
Un prisme dans les mains, colore l'univers,
Et fait, d'un seul tableau, mille tableaux divers.
Dans vos heureux travaux rendez-lui donc hommage:
Le chef-d'œuvre des dieux vous en offre l'image.
Regardez cette tête où la divinité
Semble imprimer ses traits ; quelle variété !
Des sentimens du cœur majestueux théâtre,
Le front s'épanouit en ovale d'albâtre,
Et, doublant son éclat par un contraste heureux,
S'entoure et s'embellit de l'ombre des cheveux:

L'œil ardent réunit des faisceaux de lumière,
Deux noirs sourcils en arc protègent sa paupière ;
Et la lèvre, où s'empreint la rougeur du corail,
De la blancheur des dents relève encor l'émail ;
Le nez, dans sa longueur dessinant le visage,
Par une ligne droite avec art le partage,
Tandis que, déployant ses contours gracieux,
La joue au teint vermeil s'arrondit à nos yeux.
Voyez le pied, la main, dont la structure étale
De ses doigts variés la longueur inégale ;
Voilà votre modèle. Heureux imitateur,
Suivez dans ses dessins la main du Créateur ;
Et d'objets en objets promené dans l'espace,
Que l'œil toujours jouisse, et jamais ne se lasse.

N'allez donc pas, des bois symétrisant les bords,
D'un coup d'œil uniforme attrister les dehors.
Que vos murs de verdure et vos tristes charmilles
Ne cachent point aux yeux leurs nombreuses familles :
Je veux les voir ; je veux, dans ces bocages verts,
Sous leurs divers aspects voir ces arbres divers :
Les uns tout vigoureux et tout frais de jeunesse,
D'autres tout décrépits, tout noueux de vieillesse ;
Ceux-ci rampans, ceux-là, fiers tyrans des forêts,
Des tribus de la sève épuisant leurs sujets :
Vaste scène où des mœurs, de la vie et des âges,
L'esprit avec plaisir reconnaît les images.

Près de ces grands effets que sont ces verts remparts
Dont la forme importune attriste les regards ?
Forme toujours la même, et jamais imprévue !
Riche variété, délices de la vue,

Accours ; viens rompre enfin l'insipide niveau,
Brise la triste équerre et l'ennuyeux cordeau :
Par un mélange heureux de golfes, de saillies,
Les lisières des bois veulent être embellies.
L'œil, qui des plans tracés par l'uniformité
Se plaît à parcourir, dans sa vaste étendue,
De ces bords ondoyans la forme inattendue ;
Il s'égare, il se joue en ces replis nombreux ;
Tour à tour il s'enfonce, il ressort avec eux ;
Sur les tableaux divers que leur chaîne compose
De distance en distance avec plaisir repose :
Le bois s'en agrandit, et, dans ses longs retours,
Varie à chaque pas son charme et ses détours.
Dessinez donc sa forme, et d'abord qu'on choisisse
Les arbres dont le goût prescrit le sacrifice :
Mais ne vous hâtez point ; condamnez à regret,
Avant d'exécuter un rigoureux arrêt.
Ah ! songez que du temps ils sont le lent ouvrage,
Que tout votre or ne peut racheter leur ombrage,
Que de leur frais abri vous goûtiez la douceur.
 Quelquefois cependant un ingrat possesseur,
Sans besoin, sans remords, les livre à la cognée.
Renversés sur le sein de la terre indignée,
Ils meurent : de ces lieux s'exilent pour toujours
La douce rêverie et les discrets amours.
Ah ! par ces bois sacrés dont le feuillage sombre
Aux danses du hameau prêta souvent son ombre,
Par ces dômes touffus qui couvraient vos aïeux,
Profanes ! respectez ces troncs religieux ;
Et, quand l'âge leur laisse une tige robuste ;

Gardez-vous d'attenter à leur vieillesse auguste !
Trop tôt le jour viendra que ces bois languissans,
Pour céder leur empire à de plus jeunes plants,
Tomberont sous le fer, et de leur tête altière
Verront l'antique honneur flétri dans la poussière !

O Versaille, ô regrets ! ô bosquets ravissans,
Chefs-d'œuvre d'un grand roi, de Le Nôtre, et des ans !
La hache est à vos pieds, et votre heure est venue.
Ces arbres dont l'orgueil s'élançait dans la nue ;
Frappés dans leur racine, et balançant dans l'air,
Leurs superbes sommets ébranlés par le fer,
Tombent, et de leurs troncs jonchent au loin ces routes
Sur qui leurs bras pompeux s'arrondissaient en voûtes.
Ils sont détruits ces bois dont le front glorieux
Ombrageait de Louis le front victorieux ;
Ces bois où, célébrant de plus douces conquêtes,
Les arts voluptueux multipliaient les fêtes !
Amour, qu'est devenu cet asile enchanté
Qui vit de Montespan soupirer la fierté ?
Qu'est devenu l'ombrage où, si belle et si tendre,
A son amant surpris et charmé de l'entendre,
La Vallière apprenait le secret de son cœur,
Et, sans se croire aimée, avouait son vainqueur ?
Tout périt, tout succombe : au bruit de ce ravage
Voyez-vous point s'enfuir les hôtes du bocage ?
Tout ce peuple d'oiseaux, fiers d'habiter ces bois,
Qui chantaient leurs amours dans l'asile des rois,
S'exilent à regret de leurs berceaux antiques.
Ces dieux, dont le ciseau peupla ces verts portiques,
D'un voile de verdure autrefois habillés,

Tout

Tout honteux aujourd'hui de se voir dépouillés,
Pleurent leur doux ombrage ; et, redoutant la vue,
Vénus même une fois s'étonna d'être nue.
Croissez, hâtez votre ombre, et repeuplez ces champs,
Vous, jeunes arbrisseaux : et vous, arbres mourans,
Consolez-vous ; témoins de la faiblesse humaine,
Vous avez vu périr et Corneille et Turenne :
Vous comptez cent printemps, hélas ! et nos beaux jours
S'envolent les premiers, s'envolent pour toujours.

Mais, tandis que ma voix déplorait ces ravages,
Quel bruit vient consoler l'ami des vieux ombrages ?
Que béni soit ton art, toi qui dans leur langueur
Sus des plants décrépits ranimer la vigueur !
A peine un frais enduit couvre un bois sans écorce,
Le suc régénéré reprend toute sa force ;
Il court, il pousse en l'air de nouveaux rejetons ;
Rend aux bosquets leur ombre, au printems ses festons :
Des arbres long-temps nus admirent leur parure ;
Leur front chauve a repris sa verte chevelure,
Et joint avec orgueil, grâce à tes soins puissans,
Les charmes du jeune âge et l'honneur des vieux ans.

Heureux donc qui jouit d'un bois formé par l'âge !
Mais plus heureux celui qui créa son bocage,
Ces arbres, dont le temps prépare la beauté !
Il dit comme Cyrus : « C'est moi qui les plantai. »
De leur premier printemps il goûte les délices,
De leur premier bouton il bénit les prémices :
Ainsi naquit Pearsfield, tel de ses bois nouveaux
Le feuillage naissant se pencha sur les eaux ;
Telle, au sortir des mains dont est sorti le monde,

Jadis Ève se vit, et s'admira dans l'onde.
Le jeune plant courut ombrager les vallons,
Habiller les rochers, et flotter sur les monts ;
Et, fier de sa beauté, content de son ouvrage,
Son heureux créateur rêva sous son ombrage.

Au lieu de vous traîner sur les dessins d'autrui,
Voulez-vous donc créer et jouir comme lui ?
Suspendez vos travaux impatiens d'éclore ;
Méditez-les long-temps, méditez-les encore :
Tel qu'un peintre, arrêtant ses indiscrets pinceaux,
D'avance en sa pensée ébauche ses tableaux,
Ainsi de vos dessins méditez l'ordonnance.
Des sites, des aspects, connaissez la puissance,
Et le charme des bois aux coteaux suspendus,
Et la pompe des bois dans la plaine étendus.

Ainsi que les couleurs et les formes amies,
Connaissez les couleurs, les formes ennemies.
Le frêne aux longs rameaux dans les airs élancés
Repousserait le saule aux longs rameaux baissés ;
Le vert du peuplier combat celui du chêne :
Mais l'art industrieux peut adoucir leur haine,
Et, de leur union médiateur heureux,
Un arbre mitoyen les concilie entre eux.
Ainsi, par une teinte avec art assortie,
Vernet de deux couleurs éteint l'antipathie.

Tu connus ce secret, ô toi dont le coteau [3],
Dont la verte colline offre un si doux tableau,
Qui, des bois par degrés nuançant la verdure,
Surpassas Le Lorain, et vainquis la nature.
Toi qui, de ce bel art nous enseignant les lois,

As donné le précepte et l'exemple à la fois :
Ah ! puisses-tu long-temps jouir de tes ouvrages,
Et garder dans ton cœur la paix de tes ombrages !
Je ne sais quel instinct me dit que quelque jour,
Entraîné malgré toi de tes champs à la cour,
Tes mains cultiveront une plante plus chère.
Puisse être cet enfant l'image de son père !
Et que jamais n'arrive à cette tendre fleur
Le souffle de la haine et le vent du malheur !
Achève cependant d'embellir tes bocages.
Et vous qu'il instruisit dans l'art des paysages,
Observez comme lui tous ces différents verts,
Plus sombres ou plus gais, plus foncés ou plus clairs.

Remarquez-les surtout lorsque la pâle automne,
Près de la voir flétrie, embellit sa couronne ;
Que de variété ! que de pompe et d'éclat !
Le pourpre, l'orangé, l'opale, l'incarnat,
De leurs riches couleurs étalent l'abondance.
Hélas ! tout cet éclat marque leur décadence.
Tel est le sort commun. Bientôt les aquilons
Des dépouilles des bois vont joncher les vallons :
De moment en moment la feuille sur la terre
En tombant interrompt le rêveur solitaire.
Mais ces ruines même ont pour moi des attraits.
Là, si mon cœur nourrit quelques profonds regrets,
Si quelque souvenir vient rouvrir ma blessure,
J'aime à mêler mon deuil au deuil de la nature,
De ces bois desséchés, de ces rameaux flétris,
Seul, errant, je me plais à fouler les débris.
Ils sont passés les jours d'ivresse et de folie :

Viens, je me livre à toi, tendre mélancolie ;
Viens, non le front chargé de nuages affreux
Dont marche enveloppé le chagrin ténébreux,
Mais l'œil demi voilé, mais telle qu'en automne
A travers des vapeurs un jour plus doux rayonne ;
Viens, le regard pensif, le front calme, et les yeux
Tout prêts à s'humecter de pleurs délicieux.

Ainsi je nourrissais mes tristes rêveries,
Quand de mille arbrisseaux les familles fleuries
Tout-à-coup m'ont offert leur plant voluptueux :
Adieu, vastes forêts, cèdres majestueux ;
Adieu, pompeux ormeaux, et vous, chênes augustes ;
Moins fiers, plus élégans, ces modestes arbustes
M'appellent à leur tour. Venez, peuple enchanteur :
Vous êtes la nuance entre l'arbre et la fleur ;
De vos traits délicats venez orner la scène.
Oh ! que si, moins pressé du sujet qui m'entraîne,
Vers le but qui m'attend je'ne hâtais mes pas,
Que j'aurais de plaisir à diriger vos bras !
Je vous reproduirais sous cent formes fécondes ;
Ma main sous vos berceaux ferait rouler les ondes
En dômes, en lambris j'unirais vos rameaux ;
Mollement enlacés autour de ces ormeaux,
Vos bras serpenteraient sur leur robuste écorce,
Emblème de la grâce unie avec la force :
Je fondrais vos couleurs, et du blanc le plus pur,
Du plus tendre incarnat jusqu'au plus sombre azur,
De l'œil rassasié variant les délices,
Vos panaches, vos fleurs, vos boules, vos calices,
A l'envi s'uniraient dans mes brillans travaux,

Et Van-Huysum lui-même envirait mes tableaux.

Pour vous à qui le ciel prodigua leur richesse,
Ménagez avec art leur pompe enchanteresse ;
Partagez aux saisons leurs brillantes faveurs :
Que chacun apportant ses parfums, ses couleurs,
Reparaisse à son tour, et qu'au front de l'année
Sa guirlande de fleurs ne soit jamais fanée.
Ainsi votre jardin varie avec le temps :
Tout mois a ses bosquets, tout bosquet son printemps;
Printemps bientôt flétri ! Toutefois votre adresse
Peut consoler encor de sa courte richesse.
Que par des soins prudens tous ces arbres plantés,
Quand ils seront sans fleurs, ne soient pas sans beautés.
Ainsi l'adroite Églé, prolongeant son empire,
Au déclin des beaux ans sait encor nous séduire.

Le ciel même, malgré l'inclémence de l'air,
N'a pas de tous ses dons déshérité l'hiver.
Alors, des vents jaloux défiant les outrages,
Plusieurs arbres encor retiennent leurs feuillages.
Voyez l'if, et le lierre, et le pin résineux,
Le houx luisant armé de ses dards épineux,
Et du laurier divin l'immortelle verdure,
Dédommager la terre et venger la nature ;
Voyez leurs fruits de pourpre, et leurs glands de corail,
Au vert de leurs rameaux mêler un vif émail :
Au milieu des champs nus leur parure m'enchante,
Et plus inespérée en paraît plus touchante.
De vos jardins d'hiver qu'ils ornent le séjour ;
Là, vous venez saisir les rayons d'un beau jour ;
Là, l'oiseau, quand la terre ailleurs est dépouillée,

Vole, et s'égaie encor sous la verte feuillée,
Et, trompé par les lieux, ne connaît plus les temps,
Croit revoir les beaux jours, et chante le printemps.

   Toutefois de vos plants quels que soient les prodiges,
L'habitude souvent en détruit les prestiges,
Et le triste dégoût les voit sans intérêt.
N'est-il pas des moyens dont le charme secret
Vous rende leur beauté toujours plus attachante ?

   Oh! combien des Lapons l'usage heureux m'enchante
Qu'ils savent bien tromper leurs hivers rigoureux !
Nos superbes tilleuls, nos ormeaux vigoureux,
De ces champs ennemis redoutent la froidure ;
De quelques noirs sapins l'indigente verdure
Par intervalle à peine y perce les frimats :
Mais le moindre arbrisseau qu'épargnent ces climats,
Par des charmes plus doux, à leurs regards sait plaire,
Planté pour un ami, pour un fils, pour un père,
Pour un hôte qui part emportant leurs regrets,
Il en reçoit le nom, le nom cher à jamais.

   Vous, dont un ciel plus pur éclaire la patrie,
Vous pouvez imiter cette heureuse industrie :
Elle animera tout ; vos arbres, vos bosquets
Dès lors ne seront plus ni déserts, ni muets ;
Ils seront habités de souvenirs sans nombre,
Et vos amis absens embelliront leur ombre.

   Qui vous empêche encor, quand les bontés des dieux
D'un enfant désiré comblent enfin vos vœux,
De consacrer ce jour par les tiges naissantes
D'un bocage, d'un bois ?... Mais, tandis que tu chantes,
Muse, quels cris dans l'air s'élancent à la fois ?

Il est né l'héritier du sceptre de nos rois !
Il est né! Dans nos murs, dans nos champs, sur les ondes;
Nos foudres triomphans l'annoncent aux deux mondes.
Pour parer son berceau, c'est trop peu que des fleurs :
Apportez les lauriers, les palmes des vainqueurs.
Qu'à ses premiers regards brillent des jours de gloire;
Qu'il entende en naissant l'hymne de la victoire ;
C'est la fête qu'on doit au pur sang des Bourbon.
Et toi, par qui le ciel nous fit cet heureux don,
Toi qui, le plus beau nœud, la chaîne la plus chère,
Des Germains, des Français, d'un époux et d'un frère,
Les unis, comme on voit de deux pompeux ormeaux,
Une guirlande en fleurs enchaîner les rameaux,
Sœur, mère, épouse auguste, enfin la destinée
Joint au deuil du trépas les fruits de l'hyménée ;
Et, mêlant dans tes yeux les larmes et les ris,
Quand tu perds une mère, elle te donne un fils.
D'autres, dans les transports que ce beau jour inspire,
Animeront la toile, ou le marbre, ou la lyre ;
Moi, l'humble ami des champs, j'irai dans ce séjour
Où Flore et les Zéphyrs composent seuls ta cour,
J'irai dans Trianon ; là, pour unique hommage,
Je consacre à ton fils des arbres de son âge;
Un bosquet de son nom. Ce simple monument,
Ces tiges, de tes bois le plus cher ornement,
Tes yeux les verront croître, et croissant avec elles,
Ton fils viendra chercher leurs ombres fraternelles.

Enfin vous jouissez; et le cœur et les yeux
Chérissent de vos bois l'abri délicieux.
Au plaisir voulez-vous unir encor la gloire ?

Voulez-vous de votre art remporter la victoire?
Déjà de nos jardins heureux décorateur,
Ajoutez à ces noms le nom de créateur.
Voyez comme en secret la nature fermente,
Quel besoin d'enfanter sans cesse la tourmente.
Et vous ne l'aidez pas ! Qui sait dans son trésor
Quels biens à l'industrie elle réserve encor ?
Comme l'art à son gré guide le cours de l'onde,
Il peut guider la sève ; à sa liqueur féconde
Montrez d'autres chemins, ouvrez d'autres canaux ;
Dans vos champs enrichis par des hymens nouveaux
Des sucs vierges encore essayez le mélange ;
De leurs dons mutuels favorisez l'échange.
Combien d'arbres, de fruits, de plantes et de fleurs,
Dont l'art changea le goût, les parfums, les couleurs.
La pêche a dû sa gloire à ces métamorphoses.
D'un triple diadème ainsi brillent les roses,
De son panache ainsi l'œillet s'enorgueillit.
Osez : Dieu fit le monde, et l'homme l'embellit.

Que si vous n'osez pas essayer ces conquêtes,
Combien sous d'autres cieux de richesses sont prêtes !
Usurpez ces trésors. Ainsi le fier Romain,
Et ravisseur plus juste, et vainqueur plus humain,
Conquit des fruits nouveaux, porta dans l'Ausonie
Le prunier de Damas, l'abricot d'Arménie,
Le poirier des Gaulois, tant d'autres fruits divers :
C'est ainsi qu'il fallait s'asservir l'univers.
Quand Lucullus vainqueur triomphait de l'Asie,
L'airain, le marbre et l'or frappaient Rome éblouie ;
Le sage dans la foule aimait à voir ses mains

Porter le cerisier en triomphe aux Romains.
Et ces mêmes Romains n'ont-ils pas vu nos pères,
En bataillons armés, sous des cieux plus prospères,
Aller chercher la vigne, et vouer à Bacchus
Leurs étendards rougis du nectar des vaincus ?
Du fruit de leurs exploits leurs troupes échauffées
Rapportaient, en chantant, ces précieux trophées :
Du pampre triomphal ils couronnaient leurs fronts ;
Le pampre sur leurs dards s'enlaçait en festons.
Tel revint sur son char le dieu vainqueur du Gange ;
Les vallons, les coteaux célébraient la vendange ;
Et partout où coula le nectar enchanté
Coururent le plaisir, l'audace et la gaîté.

Enfans de ces Gaulois, imitons nos ancêtres ;
Disputons, enlevons ces dépouilles champêtres.
Voyez dans ces jardins, fiers de se voir soumis
A la main qui porta le sceptre de Thémis ;
Le sang des Lamoignons, l'éloquent Malesherbes
Enrichir notre sol de cent tiges superbes,
Nourrissons inconnus de vingt climats divers,
De la cime des monts, de la rive des mers.
Je voyage, entouré de leur foule choisie,
D'Amérique en Europe, et d'Afrique en Asie :
Tous, parmi nos vieux plants charmés de se ranger,
Chérissent notre ciel ; et l'heureux étranger,
Des bords qu'il a quittés reconnaissant l'ombrage,
Doute de son exil à leur touchante image,
Et d'un doux souvenir sent son cœur attendri.

Je t'en prends à témoin, jeune Potaveri [4].
Des champs d'O-Taïti, si chers à son enfance,

3.

Où l'amour sans pudeur n'est pas sans innocence [5],
Ce sauvage ingénu, dans nos murs transporté,
Regrettait dans son cœur sa douce liberté,
Et son île riante, et ses plaisirs faciles.
Ébloui, mais lassé de l'éclat de nos villes,
Souvent il s'écriait : « Rendez-moi mes forêts. »
Un jour dans ces jardins où Louis, à grand frais,
Des quatre points du monde en un seul lieu rassemble
Ces peuples végétaux surpris de croître ensemble,
Qui, changeant à la fois de saison et de lieu,
Viennent tous à l'envi rendre hommage à Jussieu,
L'Indien parcourait leurs tribus réunies,
Quand tout-à-coup, parmi ces vertes colonies,
Un arbre qu'il connut dès ses plus jeunes ans
Frappe ses yeux : soudain avec des cris perçans
Il s'élance, il l'embrasse, il le baigne de larmes,
Le couvre de baisers. Mille objets pleins de charmes,
Ces beaux champs, ce beau ciel, qui le virent heureux,
Le fleuve qu'il fendait de ses bras vigoureux,
La forêt dont ses traits perçaient l'hôte sauvage,
Ces bananiers chargés et de fruits et d'ombrage,
Et le toit paternel, et les bois d'alentour,
Ces bois qui répondaient à ses doux chants d'amour,
Il croit les voir encor, et son âme attendrie
Du moins pour un instant retrouva sa patrie.

Quels que soient vos bosquets, vos bois et vos vergers,
Enfans de votre sol ou des champs étrangers,
L'art brillant des jardins, s'il veut long-tems nous plaire,
Exige encor de vous un soin plus nécessaire.
Quelquefois, en plantant, des artistes sans art

Entre eux et la campagne élèvent un rempart ;
Leurs arbres sont un voile et non une parure :
Vous, sachez avec goût disposer leur verdure;
Que vos arbres divers, adroitement plantés,
Des plus vastes lointains vous livrent les beautés ;
Par elles de vos parcs augmentez l'étendue,
Possédez par les yeux, jouissez par la vue.
Eh! qui peut dédaigner ces aspects abondans
En tableaux variés, en heureux accidens !
Par eux l'œil est charmé, la campagne est vivante.
 Là d'un chemin public c'est la scène mouvante;
C'est le bœuf matinal qui suit le soc tranchant ;
C'est le fier cavalier qui, distrait en marchant,
Du coursier dont sa main abandonnait l'allure,
A l'aspect d'un passant relève l'encolure ;
C'est le piéton modeste, un bâton à la main,
A qui la rêverie abrège le chemin ;
C'est le pas grave et lent de la riche fermière;
C'est le pas leste et vif de la jeune laitière,
Qui, l'habit retroussé, le corps droit, va trottant,
Son vase en équilibre, et chemine en chantant ;
C'est le lourd chariot, dont la marche bruyante
Fait crier le pavé sous sa charge pesante ;
Le char léger du fat, qui vole en un instant
De l'ennui qui le chasse à l'ennui qui l'attend.
 Regardez ce moulin, où tombent en cascades
Sur l'arbre de Cérès les ondes des naïades,
Tandis qu'au gré d'Eole un autre, avec fracas,
Tourne en cercle sans fin ses gigantesques bras.
 Plus loin, c'est un vieux bourg que des bois environnent

Là de leurs longs créneaux les cités se couronnent,
Et le clocher, où plane un coq audacieux,
Court en sommet aigu se perdre dans les cieux.

Plus heureux si, de loin, commande au paysage
Quelque temple fameux, monument du vieil âge,
Dont les royales tours se prolongent dans l'air :
Royaumont, Saint-Denis, ou le vieux Westminster,
Où dorment confondus le guerrier, le poète,
Les grands hommes d'état, et Chatam à leur tête,
L'éloquent Westminster, où tout parle à l'orgueil
De grandeur, de néant, et de gloire et de deuil !

Oublîrai-je ce fleuve, et ses bords, et ses îles ?
Et, si la vaste mer entoure vos asiles,
Quel tableau peut valoir son courroux, son repos,
Et ces vaisseaux lointains qui volent sur les flots ?

O Nice ! heureux séjour, montagnes renommées,
De lavande, de thim, de citron parfumées,
Que de fois sous tes plants d'oliviers toujours verts,
Dont la pâleur s'unit au sombre azur des mers,
J'égarai mes regards sur ce théâtre immense !
Combien je jouissais ! Soit que l'onde, en silence
Mollement balancée et roulant sans efforts,
D'une frange d'écume allât ceindre ses bords ;
Soit que son vaste sein se gonflât de colère ;
J'aimais à voir le flot, d'abord ride légère,
De loin blanchir, s'enfler, s'alonger et marcher,
Bondir tout écumant de rocher en rocher,
Tantôt se déployer comme un serpent flexible,
Tantôt, tel qu'un tonnerre, avec un bruit horrible
Précipiter sa masse, et de ses tourbillons

Dans les rocs caverneux engloutir les bouillons.
Ce mouvement, ce bruit, cette mer turbulente,
Roulant, montant, tombant en montagne écumante,
Enivraient mon esprit, mon oreille, mes yeux.
Et le soir me trouvait immobile en ces lieux.

Donc, si ce grand spectacle entoure vos domaines,
Montrez, mais variez ces magnifiques scènes :
Ici, que la mer brille à travers les rameaux ;
Là, dans l'enfoncement de ces profonds berceaux,
Comme au bout d'un long tube, une voûte la montre ;
Au détour d'un bosquet ici l'œil la rencontre,
La perd encore ; enfin la vue, en liberté,
Tout-à-coup la découvre en son immensité.

Sur ces aspects divers fixez l'œil qui s'égare ;
Mais, il faut l'avouer, c'est d'une main avare
Que les hommes, les arts, la nature et le temps,
Sèment autour de nous de riches accidens.

O plaines de la Grèce ! ô champs de l'Ausonie !
Lieux toujours inspirans, toujours chers au génie ;
Que de fois, arrêté dans un bel horizon,
Le peintre voit, s'enflamme, et saisit son crayon ;
Dessine ces lointains, et ces mers, et ces îles,
Ces ports, ces monts brûlants et devenus fertiles,
Des laves de ces monts encor tout menaçans,
Sur des palais détruits d'autres palais naissans,
Et, dans ce long tourment de la terre et de l'onde,
Un nouveau monde éclos des débris du vieux monde !

Hélas ! je n'ai point vu ce séjour enchanté,
Ces beaux lieux où Virgile a tant de fois chanté ;
Mais, j'en jure et Virgile et ses accords sublimes !

J'irai, de l'Apennin je franchirai les cimes :
J'irai, plein de son nom, plein de ses vers sacrés,
Les lire aux mêmes lieux qui les ont inspirés.

Vous, au lieu des beautés qu'étalent ces rivages,
N'avez-vous au-dehors que de froids paysages ?
Formez-vous au-dedans un asile enchanteur :
Tel le sage dans lui sait trouver son bonheur.
A vos scènes donnez l'air piquant du mystère ;
Que votre art les promette et que l'œil les espère [6] :
Promettre, c'est donner ; espérer, c'est jouir.

D'un vain luxe non plus n'allez pas m'éblouir :
L'utile a sa beauté ; gardez-vous de l'exclure.
La richesse du luxe appauvrit la nature ;
Ses plants infructueux un moment flattent l'œil,
Mais Vertumne et Palès, exilés par l'orgueil,
Maudissent ces bosquets et ces fleurs inutiles,
De leur fécond domaine usurpateurs stériles :
Bientôt le soc vengeur y revient sur leurs pas,
Et Cérès en triomphe a repris ses états.

Plantez donc pour cueillir : que la grappe pendante,
La pêche veloutée et la poire fondante,
Tapissant de vos murs l'insipide blancheur,
D'un suc délicieux vous offre la fraîcheur ;
Que sur l'ognon du Nil et sur la verte oseille
En globes de rubis descende la groseille :
Que l'arbre offre à vos mains la pomme au teint vermeil,
Et l'abricot doré par les feux du soleil.
A côté de vos fleurs aimez à voir éclore
Et le chou panaché que la pourpre colore,
Et les navets sucrés que Freneuse a nourris,

Pour qui mon dur censeur m'accusa de mépris.
Ma muse aux dieux des champs ne fit point cette injure :
Hôte aimable des bois, ami de la nature,
L'art des vers orne tout et ne dédaigne rien ;
Tout plaît mis à sa place : aussi gardez-vous bien
D'imiter le faux goût, qui mêle en son ouvrage
L'inculte, l'élégant, le peigné, le sauvage ;
Que tout soit près de vous, fraîcheur, grâces, attraits;
Et qu'ailleurs, au hasard désordonnant ses traits,
La nature reprenne une marche plus fière.

Enfin, pour vous donner un conseil moins vulgaire,
Toujours l'art de planter ne dicte pas des lois
Pour les vergers du sage, et les jardins des rois.

Il est des lieux publics où le peuple s'assemble,
Charmé de voir, d'errer, et de jouir ensemble ;
Tant l'instinct social dans ses nobles désirs
Veut, comme ses travaux, partager ses plaisirs !
Là, nos libres regards ne souffrent point d'obstacle :
Ils veulent embrasser tout ce riche spectacle ;
Ces panaches flottans, ces perles, ces rubis,
L'orgueil de la coiffure et l'éclat des habits :
Ces voiles, ces tissus, ces étoffes brillantes,
Et leurs reflets changeans, et leurs pompes mouvantes.
Tels, si dans ces jardins où la fable autrefois
A caché des héros, des belles et des rois,
Dans la tige des lis, des œillets et des roses,
Les dieux mettaient un terme à leurs métamorphoses,
Tout-à-coup nous verrions, par un contraire effet,
S'animer, se mouvoir l'hyacinthe et l'œillet,
Le lis en blancs atours, la jonquille dorée,

Et la tulipe errante en robe bigarrée.
Tels nous plaisent ces lieux aux champs élysiens :
Tel Paris réunit ses nombreux citoyens ;
Au retour du printemps, tels viennent se confondre
Au parc de Kensington les fiers enfans de Londre ;
Vaste et brillante scène où chacun est acteur,
Amusant, amusé, spectacle et spectateur.

Muse, quitte un instant les rives paternelles ;
Revole vers ces lieux que tu pris pour modèles :
Chante ce Kensington qui retrace à la fois
Et la main de Le Nôtre, et les parcs de nos rois,
Où, dans toute sa pompe, un grand peuple s'étale.

A peine l'alouette, à la voix matinale,
A du printemps dans l'air gazouillé le retour,
Soudain, du long ennui de ce pompeux séjour :
Où la vie est souffrante, où des foyers sans nombre,
Mêlant aux noirs brouillards leur vapeur lente et sombre,
Par ces canaux fumeux élancés dans les airs,
S'en vont noircir le ciel de la nuit des enfers,
Tout sort : de Kensington tout cherche la montagne ;
La splendeur de la ville étonne la campagne ;
Tout ce peuple paré, tout ce brillant concours,
Le luxe du commerce, et le faste des cours :
Les harnais éclatans, ces coursiers dont l'audace
Du barbe généreux trahit la noble race,
Mouillant le frein d'écume ; inquiets, haletans,
Pleins des feux du jeune âge et des feux du printemps ;
Le hardi cavalier, qui, plus prompt que la foudre,
Part, vole, et disparaît dans des torrens de poudre
Les rapides wiskis, les magnifiques chars,

Ces essaims de beautés dont les groupes épars,
Tels que dans l'Élysée, à travers les bocages,
Des fantômes légers glissent sous les ombrages,
D'un long et blanc tissu rasent le vert gazon ;
L'enfant, emblême heureux de la jeune saison,
Qui, gai comme Zéphyre, et frais comme l'Aurore,
Des roses du printemps en jouant se colore ;
Le vieillard dont le cœur se sent épanouir,
Et d'un beau jour encor se hâte de jouir ;
La jeunesse en sa fleur, et la santé riante,
Et la convalescence à la marche tremblante,
Qui, pâle et faible encor, vient sous un ciel vermeil,
Pour la première fois, saluer le soleil.
Quel tableau varié ! Je vois sous ces ombrages
Tous les états unis, tous les rangs, tous les âges.
Ici marche, entouré d'un murmure d'amour,
Ou l'orateur célèbre, ou le héros du jour :
Là, c'est le noble chef d'une illustre famille,
Une mère superbe, et sa modeste fille,
Qui, mêlant à la grâce un trouble intéressant,
Semble rougir de plaire, et plaît en rougissant ;
Tandis que, tressaillant dans l'âme maternelle,
L'orgueil jouit tout bas d'être éclipsé par elle.
Plus loin, un digne Anglais, bon père, heureux époux,
Chargé de son enfant, et fier d'un poids si doux,
Le dispute aux baisers d'une mère chérie,
Et semble avec orgueil l'offrir à la patrie.

Voyez ce couple aimable enfoncé dans ces bois ;
Là, tous deux ont aimé pour la première fois,
Et se montrent la place où, dans son trouble extrême,

L'un d'eux, en palpitant, prononça : Je vous aime.
Là, deux bons vieux amis vont discourir entre eux ;
Ailleurs, un étourdi qu'emporte un char poudreux,
Jette, en courant, un mot que la rapide roue
Laisse bientôt loin d'elle, et dont Zéphyr se joue.
On se cherche, on se mêle, on se croise au hasard ;
On s'envoie un salut, un sourire, un regard ;
Cependant à travers le tourbillon qui roule,
Plus d'un grave penseur, isolé dans la foule,
Va poursuivant son rêve ; on peut-être un banni,
A l'aspect de ce peuple heureux et réuni,
Qu'un beau site, un beau jour, un beau spectacle attire,
Se souvient de Longchamps, se recueille, et soupire.

FIN DU CHANT II.

CHANT III.

Je chantais les jardins, les vergers et les bois,
Quand le cri de Bellone a retenti trois fois.
A ces cris, arrachés des foyers de leurs pères,
Nos guerriers ont volé sur des mers étrangères,
Et Mars a de Vénus déserté les bosquets.
Dieux des champs! dieux amis de l'innocente paix,
Ne craignez rien : Louis, au lieu de vous détruire,
Veut, sur des bords lointains, étendre votre empire
Il veut qu'en liberté les heureux Pensylvains
Puissent cueillir les fruits qu'ont cultivés leurs mains.
Et vous, jeunes guerriers qu'admire un autre monde,
Je ne puis vers York, sur les gouffres de l'onde,
Suivre votre valeur; mais, pour votre retour,
Ma muse des jardins embellit le séjour.
Déjà j'ordonne aux fleurs de croître pour vos têtes ;
Pour vous de myrtes verts des couronnes sont prêtes.
Je prépare pour vous le murmure des eaux,
Les tapis des gazons, les abris des berceaux,
Où mollement assis, oubliant les alarmes,
Tranquilles, vous direz la gloire de nos armes,
Tandis qu'entre la crainte et l'espoir suspendus,
Vos enfans frémiront d'un danger qui n'est plus.
 Achevons cependant d'orner ces frais asiles.
Jadis dans nos jardins les sables infertiles,

Tristes, secs, et du jour réfléchissant les feux,
Importunaient les pieds, et fatiguaient les yeux ;
Tout était nu, brûlant : mais enfin l'Angleterre
Nous apprit l'art d'orner et d'habiller la terre.
Soignez donc ces gazons déployés sur son sein,
Sans cesse l'arrosoir ou la faux à la main,
Désaltérez leur soif, tondez leur chevelure ;
Que le roulant cylindre en foule la verdure,
Que toujours bien choisis, bien unis, bien serrés,
De l'herbe usurpatrice avec soin délivrés,
Du plus tendre duvet ils gardent la finesse ;
Et quelquefois enfin réparez leur vieillesse.
Réservez toutefois aux lieux moins éloignés
Ce luxe de verdure et ces gazons soignés.
Du reste composez une riche pâture,
Et que vos seuls troupeaux en fassent la culture.
Ainsi vous formerez des nourrissons nombreux,
Des engrais pour vos champs, des tableaux pour vos yeux.
Ne rougissez donc point, quoique l'orgueil en gronde
D'ouvrir vos parcs au bœuf, à la vache féconde,
Qui ne dégradent plus ni vos parcs, ni mes vers.

   Sur le climat encor réglez vos plants divers.
N'allez pas des gazons prodiguer la parure
Aux lieux où la chaleur dévore la verdure :
La terre s'en attriste, et de ces prés flétris
Les yeux avec regret parcourent les débris.
Ah ! quand le ciel brûlant sèche nos paysages,
Que ne puis-je, Albion, errer sur ces rivages
Où la beauté, foulant le tendre émail des fleurs,

Promène en paix ses yeux innocemment rêveurs !
Belle et fraîche Albion, fille aimable des ondes,
Qui nourris tes tapis de leurs vapeurs fécondes :
Là, même dans l'été, l'horizon le plus pur
D'un rideau nébuleux voile encor son azur ;
Par un soleil plus doux les plantes épargnées,
D'une pluie insensible en tout temps sont baignées ;
Sa secrète influence en nourrit la fraîcheur ;
L'herbe tendre y renaît sous la main du faucheur :
Et l'Anglais sérieux, à son ciel chargé d'ombres,
Doit des gazons plus gais, et des pensers plus sombres.

 Quel que soit le climat, dans vos jardins rians
C'est peu de déployer ces tapis verdoyans ;
Il en faut avec goût savoir choisir les formes.
Craignez pour eux l'ennui des cadres uniformes :
En d'insipides ronds, ou d'ennuyeux carrés,
Je ne veux point les voir tristement resserrés ;
Un air de liberté fait leur première grâce :
Que tantôt dans les bois, dont l'ombre les embrasse,
D'un air mystérieux ils aillent se cacher,
Et que tantôt les bois les reviennent chercher.
Telle est d'un beau gazon la force simple et pure.

 Voulez-vous mieux l'orner ? imitez la nature :
Elle émaille les prés des plus riches couleurs.
Hâtez-vous ; vos jardins vous demandent des fleurs.
Fleurs charmantes ! par vous la nature est plus belle ;
Dans ses brillans travaux l'art vous prend pour modèle ;
Simples tributs du cœur, vos dons sont chaque jour
Offerts par l'amitié, hasardés par l'amour.
D'embellir la beauté vous obtenez la gloire ;

Le laurier vous permet de parer la victoire :
Plus d'un hameau vous donne en prix à la pudeur :
L'autel même où de Dieu repose la grandeur,
Se parfume au printemps de vos douces offrandes ;
Et la religion sourit à vos guirlandes.
Mais c'est dans nos jardins qu'est votre heureux séjour
Filles de la rosée et de l'astre du jour,
Venez donc de nos champs décorer le théâtre.

N'attendez pas pourtant qu'amateur idolâtre,
Au lieu de vous jeter par touffes, par bouquets,
J'aille de lits en lits, de parquets en parquets,
De chaque fleur nouvelle attendre la naissance,
Observer ses couleurs, épier leur nuance.
Je sais que dans Harlem plus d'un triste amateur
Au fond de ses jardins s'enferme avec sa fleur,
Pour voir sa renoncule avant l'aube s'éveille,
D'une anémone unique adore la merveille,
Ou, d'un rival heureux enviant le secret,
Achète au poids de l'or les taches d'un œillet.
Laissez-lui sa manie et son amour bizarre :
Qu'il possède en jaloux, et jouisse en avare.

Sans obéir aux lois d'un art capricieux,
Fleurs, parure des champs, et délices des yeux,
De vos riches couleurs venez peindre la terre ;
Venez ; mais n'allez pas dans les buis d'un parterre
Renfermer vos appas tristement relégués ;
Que vos heureux trésors soient partout prodigués.
Tantôt de ses tapis émaillez la verdure ;
Tantôt de ces sentiers égayez la bordure ;
Serpentez en guirlande ; entourez ces berceaux ;

En Méandres brillans courez au bord des eaux,
Ou tapissez ces murs, ou, dans cette corbeille,
Du choix de vos parfums embarrassez l'abeille.
Que Rapin, vous suivant dans toutes les saisons,
Décrive tous vos traits, rappelle tous vos noms ;
A de si longs détails le dieu du goût s'oppose.
Mais qui peut refuser un hommage à la rose,
La rose ; dont Vénus compose ses bosquets,
Le printemps sa guirlande, et l'amour ses bouquets ;
Qu'Anacréon chanta, qui formait avec grâce
Dans les jours de festin la couronne d'Horace ;
La rose aux doux parfum, de qui l'extrait divin,
Goutte à goutte versé par une avare main,
Parfume, en s'exhalant, tout un palais d'Asie,
Comme un doux souvenir remplit toute la vie ?
Mais ce riant sujet plaît trop à mes pinceaux
Destinés à tracer de plus mâles tableaux.
Cette variété, charme de la nature,
Dont ma muse tantôt vous traçait la peinture,
Et dont elle dictait les charmantes leçons,
Pour un autre sujet demande d'autres tons.

   O vous, dont je foulais les pelouses fleuries,
Il faut donc vous quitter, agréables prairies !
Un site plus sévère appelle mes regards.
   Voyez de loin ces rocs confusément épars.
De nos jardins voués à la monotonie
Leur sublime âpreté jadis était bannie.
Depuis qu'enfin le peintre y prescrivant des lois,
Sur l'arpenteur timide a repris tous ses droits,
Nos jardins plus hardis de ces effets s'emparent ;

Mais de quelque beauté que ces masses les parent,
Si le sol n'offre point ces blocs majestueux,
De la nature en vain rival présomptueux,
L'art en voudrait tenter une fidèle image.
Du haut des vrais rochers, sa demeure sauvage [2],
La nature se rit de ces rocs contrefaits,
D'un travail impuissant avortons imparfaits.

   Loin de ces froids essais qu'un vain effort étale,
Aux champs de Midleton, aux monts de Dovedale [3],
Whately, je te suis; viens, j'y monte avec toi.
Que je m'y sens saisi d'un agréable effroi !
Tous ces rocs variant leurs gigantesques cimes,
Vers le ciel élancés, roulés dans les abîmes,
L'un par l'autre appuyés, l'un sur l'autre étendus,
Quelquefois dans les airs hardiment suspendus ;
Les uns taillés en tours, en arcades rustiques ;
Quelques uns, à travers leurs noirâtres portiques,
Du ciel dans le lointain laissant percer l'azur ;
Des sources, des ruisseaux le cours brillant et pur ;
Tout rappelle à l'esprit ces magiques retraites,
Ces romantiques lieux qu'ont chanté les poètes.
Heureux si ces grands traits embellissent vos champs !
Mais dans votre tableau leurs tons seraient tranchans ;
C'est là, c'est pour dompter leur inculte énergie
Qu'il faut d'un enchanteur le charme et la magie.
Cet enchanteur, c'est l'art ; ses charmes sont les bois.
Il parle ; les rochers s'ombragent à sa voix,
Et semblent s'applaudir de leur pompe étrangère.
Quand vous ornez ainsi leur sécheresse austère,

Variez bien vos plants : offrez aux spectateurs
Des contrastes de tons, de formes, de couleurs ;
Que les plus beaux rochers sortent par intervalles.
N'interromprez-vous point ces masses trop égales ?
Cachez ou découvrez, variez à la fois
Les bois par les rochers, les rochers par les bois.

N'avez-vous pas encor, pour former leur parure,
Des arbustes rampans l'errante chevelure ?
J'aime à voir ces rameaux, ces souples rejetons,
Sur leurs arides flancs serpenter en festons ;
J'aime à voir leurs fronts nus, et leurs têtes sauvages
Se coiffer de verdure, et s'entourer d'ombrages.
C'est peu. Parmi ces rocs un vallon précieux.
Un terrain moins ingrat vient-il rire à nos yeux ?
Saisissez ce bienfait ; déployez à la vue
D'un sol favorisé la richesse imprévue.
C'est un contraste heureux ; c'est la stérilité
Qui cède un coin de terre à la fertilité.
Ainsi vous subjuguez leur âpre caractère.

Non qu'il faille toujours les orner pour vous plaire ;
Votre art, qui doit toujours en adoucir l'horreur,
Leur permet quelquefois d'inspirer la terreur.
Lui-même il les seconde. Au bord d'un précipice,
D'une simple cabane il pose l'édifice ;
Le précipice encore en paraît agrandi.
Tantôt d'un roc à l'autre il jette un pont hardi.
A leur terrible aspect je tremble, et de leur cime
L'imagination me suspend sur l'abîme.
Je songe à tous ces bruits du peuple répétés,
De voyageurs perdus, d'amans précipités ;

Vieux récits qui, charmant la foule émerveillée,
Des crédules hameaux abrègent la veillée,
Et que l'effroi du lieu persuade un moment.
Mais de ces grands effets n'usez que sobrement ;
Notre cœur, dans les champs, à ces rudes secousses
Préfère un calme heureux, des émotions douces.
Moi-même, je le sens, de la cime des monts
J'ai besoin de descendre en mes rians vallons.
Je les ornai de fleurs, les couvris de bocages ;
Il est temps que des eaux roulent sur leurs ombrages.

Eh bien ! si vos sommets, jadis tout dépouillés,
Sont, grâce à mes leçons, richement habillés,
O rochers ! ouvrez-moi vos sources souterraines ;
Et vous, fleuves, ruisseaux, beaux lacs, claires fontaines,
Venez, portez partout la vie et la fraîcheur.
Ah ! qui peut remplacer votre aspect enchanteur ?
De près il nous amuse, et de loin nous invite :
C'est le premier qu'on cherche, et le dernier qu'on quitte.
Vous fécondez les champs ; vous répétez les cieux ;
Vous enchantez l'oreille, et vous charmez les yeux.
Venez : puissent mes vers, en suivant votre course,
Couler plus abondans encor que votre source,
Plus légers que les vents qui courbent vos roseaux
Doux comme votre bruit, et purs comme vos eaux !

Et vous qui dirigez ces ondes bienfaitrices,
Respectez leurs penchans, et même leurs caprices.
Dans la facilité de ses libres détours
Voyez l'eau de ses bords embrasser les contours.
De quel droit osez-vous, captivant sa souplesse,
De ses plis sinueux contraindre la mollesse ?

Que lui fait tout le marbre où vous l'emprisonnez ?
Voyez-vous, les cheveux aux vents abandonnés,
Sans gêne, sans apprêt, sans parure étrangère,
Marcher, courir, bondir la folâtre bergère !
Sa grâce est dans l'aisance et dans la liberté ;
Mais au fond d'un sérail contemplez la beauté :
En vain elle éblouit, vainement elle étale
De ses atours captifs la pompe orientale :
Je ne sais quoi de triste, empreint dans tous ses traits,
Décèle la contrainte et fléchit ses attraits.

Que l'eau conserve donc la liberté qu'elle aime,
Ou changez en beauté son esclavage même :
Ainsi, malgré Morel, dont l'éloquente voix
De la simple nature a su plaider les droits,
J'aime ces jeux où l'onde, en des canaux pressée,
Part, s'échappe, et jaillit avec force élancée.
A l'aspect de ses flots qu'un art audacieux
Fait sortir de la terre et lance jusqu'aux cieux,
L'homme se dit : « C'est moi qui créai ces prodiges ! »
L'homme admire son art dans ces brillans prestiges.
Qu'ils soient donc déployés chez les grands et les rois,
Mais, je le dis encor, loin le luxe bourgeois
Dont le jet d'eau honteux, n'osant quitter la terre,
S'élève à peine, et meurt à deux pieds du parterre.

C'est peu : tout doit répondre à ce riche ornement,
Que tout prenne à l'entour un air d'enchantement ;
Persuadez aux yeux que d'un coup de baguette
Une fée, en passant, s'est fait cette retraite.
Tel j'ai vu de Saint-Cloud le bocage enchanteur :
L'œil de son jet hardi mesure la hauteur ;

Aux eaux qui sur les eaux retombent et bondissent,
Les bassins, les bosquets, les grottes applaudissent :
Le gazon est plus vert, l'air plus frais ; des oiseaux
Le chant s'anime au bruit de la chute des eaux ;
Et les bois, inclinant leurs têtes arrosées,
Semblent s'épanouir à ces douces rosées.
　　Plus simple, plus champêtre, et non moins belle aux yeux
La cascade ornera de plus sauvages lieux :
De près est admirée, et de loin entendue,
Cette eau toujours tombante et toujours suspendue ;
Variée, imposante, elle anime à la fois
Les rochers et la terre, et les eaux et les bois.
Employez donc cet art ; mais loin l'architecture
De ces tristes gradins, où, tombant en mesure,
D'un mouvement égal les flots précipités
Jusque dans leur fureur marchent à pas comptés.
La variété seule a le droit de vous plaire.
　　La cascade d'ailleurs a plus d'un caractère.
Il faut choisir. Tantôt d'un cours tumultueux
L'eau, se précipitant dans son lit tortueux,
Court, tombe et rejaillit, retombe écume et gronde :
Tantôt avec lenteur développant son onde,
Sans colère, sans bruit, un ruisseau doux et pur
S'épanche, se déploie en un voile d'azur.
L'œil aime à contempler ces frais amphithéâtres,
Et l'or des feux du jour sur les nappes bleuâtres,
Et le noir des rochers, et le vert des roseaux,
Et l'éclat argenté de l'écume des eaux.
　　Consultez donc l'effet que votre art veut produire ;
Et ces flots, toujours prompts à se laisser conduire,

Vont vous offrir, plus lents ou plus impétueux,
Des tableaux gais ou fiers, grands ou voluptueux ;
Tableaux toujous puissans ! Eh ! qui n'a pas de l'onde
Éprouvé sur son cœur l'impression profonde !
Toujours, soit qu'un courant vif et précipité
Sur des cailloux bondisse avec agilité,
Soit que sur le limon une rivière lente
Déroule en paix les plis de son onde indolente,
Soit qu'à travers les rocs un torrent en courroux
Se brise avec fracas, triste ou gai, vif ou doux,
Leur cours excite, apaise, ou menace, ou caresse.
De Vénus, nous dit-on, l'écharpe enchanteresse
Renfermait les amours, et les tendres désirs,
Et la joie, et l'espoir précurseur des plaisirs.
Les eaux sont ta ceinture, ô divine Cybèle !
Non moins impérieuse, elle renferme en elle
La gaîté, la tristesse, et le trouble, et l'effroi.
Eh ! qui l'a mieux connu, l'a mieux senti que moi ?
Souvent, je m'en souviens, lorsque les chagrins sombres,
Que de la nuit encore avaient noircis les ombres,
Accablaient ma pensée et flétrissaient mes sens,
Si d'un ruisseau voisin j'entendais les accens,
J'allais, je visitais ses consolantes ondes,
Le murmure, le frais de ses eaux vagabondes,
Suspendaient mes chagrins, endormaient ma douleur,
Et la sérénité renaissait dans mon cœur.
Tant du doux bruit des eaux, l'influence est puissante !
 Pour prix de ce bienfait, toi, dont le cours m'enchante,
Ruisseau, permets que l'art, sans trop t'enorgueillir,
T'embellisse à nos yeux, si l'art peut t'embellir.

Un ruisseau siérait mal dans une vaste plaine ;
Son lit n'y tracerait qu'une ligne incertaine ;
Modestes, au grand jour se montrant à regret,
Ses flots veulent baigner un bocage secret ;
Son cours orne les bois ; les bois sont ses délices :
Là, je puis à loisir suivre tous ses caprices,
Son embarras charmant, sa pente, ses replis,
Le courroux de ses flots par l'obstacle embellis.
Tantôt dans un lit creux qu'un noir taillis ombrage,
Cachant son onde agreste et sa course sauvage ;
Tantôt à plein canal présentant son miroir,
Je le vois sans l'entendre, ou l'entends sans le voir,
Là, ses flots amoureux vont embrasser des îles ;
Plus loin, il se sépare en deux ruisseaux agiles,
Qui, se suivant l'un l'autre avec rapidité,
Disputent de vitesse et de limpidité ;
Puis, rejoignant tous deux le lit qui les rassemble,
Murmurent enchantés de voyager ensemble.
Ainsi, toujours errant de détour en détour,
Muet, bruyant, paisible, inquiet tour à tour,
Sous mille aspect divers son cours se renouvelle.

Mais vers ses bords rians la rivière m'appelle,
Dans un champ plus ouvert, noble et pompeux tableau,
Son onde moins modeste en larges nappes d'eau
Roule, des feux du jour au loin étincelante ;
Elle laisse au ruisseau sa gaîté pétulante,
Et son inquiétude et ses plis tortueux ;
Son lit, en longs courans, des vallons sinueux
Suivra les doux contours et la molle courbure.
Si le ruisseau des bois emprunte sa parure,

La rivière aime aussi que des arbres divers,
Les pâles peupliers, les saules demi-verts,
Ornent souvent son cours. Quelle source féconde
De scènes, d'accidens ! Là, j'aime à voir dans l'onde
Se renverser leur cime, et leurs feuillages verts
Trembler du mouvement et des eaux et des airs.
Ici, le flot bruni fuit sous leur voûte obscure ;
Là, le jour par filets pénètre leur verdure ;
Tantôt dans le courant ils trempent leurs rameaux,
Et tantôt leur racine embarrasse les flots ;
Souvent, d'un bord à l'autre étendant leur feuillage,
Ils semblent s'élancer et changer de rivage.
Ainsi, l'arbre et les eaux se prêtent leurs secours :
L'onde rajeunit l'arbre, et l'arbre orne son cours ;
Et tous deux, s'alliant sous des formes sans nombre
Font un échange aimable et de fraîcheur et d'ombre ;
Sachez donc les unir ; ou si, dans de beaux lieux,
La nature sans vous fit cet hymen heureux,
Respectez-la. Malheur à qui ferait mieux qu'elle !
Tel est, cher Watelet, mon cœur me le rappelle,
Tel est le simple asile où, suspendant son cours,
Pure comme tes mœurs, libre comme tes jours,
En canaux ombragés la Seine se partage,
Et visite en secret la retraite d'un sage.
Ton art la seconda ; non cet art imposteur,
Des lieux qu'il croit orner hardi profanateur :
Digne de voir, d'aimer, de sentir la nature,
Tu traitas sa beauté comme une vierge pure
Qui rougit d'être nue, et craint les ornemens.
Je crois voir le faux goût gâter ces lieux charmans :

Ce moulin, dont le bruit nourrit la rêverie,
N'est qu'un songe importun, qu'une meule qui crie,
On l'écarte. Ces bords doucement contournés,
Par le fleuve lui-même en roulant façonnés,
S'alignent tristement ; au lieu de la verdure
Qui renferme le fleuve en sa molle ceinture,
L'eau dans des quais de pierre accuse sa prison ;
Le marbre fastueux outrage le gazon,
Et des arbres tondus la famille captive
Sur ces saules vieillis ose usurper la rive....
Barbares, arrêtez, et respectez ces lieux !
Et vous, fleuve charmant, vous, bois délicieux.
Si j'ai peint vos beautés, si, dès mon premier âge,
Je me plus à chanter les prés, l'onde et l'ombrage,
Beaux lieux, offrez long-temps à votre possesseur
L'image de la paix qui règne dans son cœur.

 Au défaut des courans formés par la nature,
L'art pourra vous prêter son heureuse imposture :
Sans doute ; mais cet art veut un œil exercé.
Que les flots bien conduits, que leur cours bien tracé,
M'offrent de la rivière un portrait véritable ;
Son lit, ses eaux, ses bords, que tout soit vraisemblable.
De ta rivière ainsi le cours fut façonné,
O toi, d'un couple auguste asile fortuné,
Délicieux Oatlands ! Ta plus riche parure 4,
Ce n'est point ton palais, tes fleurs et ta verdure,
Ni tes vastes lointains, ni cet antre charmant
Qui d'une nuit arabe offre l'enchantement ;
Mais ces superbes eaux qu'en un fleuve factice
Le goût fit serpenter avec tant d'artifice ;

L'œil charmé s'y méprend ; dans ces nombreux détours,
De la Tamise encore il croit suivre le cours ;
Et, par l'illusion d'une savante optique,
Qui confond les lointains dans sa vapeur magique,
D'un vieux pont suspendu sur ce fleuve royal
Montre de loin la voûte embrassant ton canal :
Tant l'art a de pouvoir, et tant la perspective,
Qui prête à vos tableaux sa beauté fugitive,
Par sa douce féerie et ses charmes secrets,
Colorant, approchant, éloignant les objets,
De son brillant prestige embellit les campagnes,
Comble ici les vallons, là baisse les montagnes,
Déguise les objets, les distances, les lieux,
Et, pour les mieux charmer, en impose à nos yeux !

 Autant que la rivière, en sa molle souplesse,
D'un rivage anguleux redoute la rudesse,
Autant les bords aigus, les longs enfoncemens
Sont d'un lac étendu les plus beaux ornemens.
Que la terre tantôt s'avance au sein des ondes,
Tantôt qu'elle ouvre aux flots des retraites profondes,
Et qu'ainsi, s'appelant d'un mutuel amour,
Et la terre et les eaux se cherchent tour à tour.
Ces aspects variés amusent votre vue.

 L'œil aime dans un lac une vaste étendue ;
Cependant offrez-lui quelques points de repos :
Si vous n'interrompez l'immensité des flots,
Mes yeux sans intérêt glissent sur leur surface.
Ainsi, pour abréger leur insipide espace,
Ou qu'un frais bâtiment, des chaleurs respecté,
Se présente de loin dans les flots répété ;

Ou bien faites éclore une île de verdure :
Les îles sont des eaux la plus riche parure ;
Ou relevez leurs bords, ou qu'en bouquets épars
Des masses d'arbres verts arrêtent vos regards.
Par un contraire effet, si vous voulez l'étendre,
Aux bords trop exhaussés ordonnez de descendre ;
Ou reculez vos bois, ou commandez que l'eau
Se perde en un bosquet, tourne au pied d'un coteau.
A travers ces rideaux où l'eau fuit et se plonge,
L'imagination la suit et la prolonge :
Ainsi votre œil jouit de ce qu'il ne voit pas ;
Ainsi le goût savant prête à tout des appas ;
Et des objets qu'il crée et de ceux qu'il imite,
Resserre, étend, découvre ou cache la limite.

Du frais miroir des eaux, de leurs nombreux reflets,
Sachez aussi connaître et saisir les effets :
Quelle que soit leur forme, étang, lac ou rivière,
Qu'il soit pour vos bosquets un centre de lumière,
Un foyer éclatant, d'où les rayons du jour
Pénètrent doucement dans les bois d'alentour ;
Et de l'onde au bocage et du bocage à l'onde
Promènent en jouant leur lueur vagabonde ;
L'œil aime à voir glisser à travers les rameaux
Et leur clarté tremblante et leurs jours inégaux :
Là leur teinte est plus claire, ici plus rembrunie,
Et de leurs doux combats résulte l'harmonie.

Or, maintenant que l'art dans ses jardins pompeux
Insulte à mes travaux, dans mes jardins heureux
Partout respire un air de liberté, de joie :
La pelouse riante à son gré se déploie ;

Les bois indépendans relèvent leurs rameaux ;
Les fleurs bravent l'équerre, et l'arbre les ciseaux,
L'onde chérit ses bords, la terre sa parure :
Tout est beau, simple et grand ; c'est l'art de la nature.
  Que dis-je ? vos travaux sont encore imparfaits :
Ces étangs sont déserts et ces lacs sont muets !
Eh bien ! pour animer leur surface immobile,
L'art vous présente encor plus d'un moyen utile.
Pourquoi sur ces flots morts ne déployez-vous pas
Le flottant appareil des rames et des mâts ?
Leur aspect vous amuse, et des barques légères
Votre œil de loin poursuit les traces passagères ;
Zéphyre de la toile enfle les plis mouvans,
Et chaque banderole est le jouet des vents.
Faites plus : que la tanche, et la perche, et l'anguille,
Y propagent en paix leur nombreuse famille.
Donnez-leur quelques soins ; que, docile à vos lois,
Leur troupe familière accoure à votre voix.
Joignez-y ces oiseaux qui, d'une rame agile,
Navigateurs ailés, fendent l'onde docile :
A leur tête s'avance et nage avec fierté
Le cygne au cou superbe, au plumage argenté,
Le cygne à qui l'erreur prêta des chants aimables,
Et qui n'a pas besoin du mensonge des fables ;
A sa suite, un essaim de ces oiseaux rameurs,
Tous différens de voix, de plumages, de mœurs,
Fend les eaux, bat les airs de ses ailes bruyantes ;
Tout jouit, tout s'anime, et les eaux sont vivantes.
Et si des faits anciens, des traits miraculeux,
Des amours, des combats, ou vrais, ou fabuleux,

Créés par les romans, ou vivans dans l'histoire,
D'un ruisseau, d'une source ont consacré la gloire;
De leur antique honneur ces flots enorgueillis
Par d'heureux souvenirs sont assez embellis.
Quel cœur sans être ému trouverait Aréthuse,
Alphée, ou le Lignon; toi, surtout, toi, Vaucluse,
Vaucluse, heureux séjour, que sans enchantement
Ne peut voir nul poëte, et surtout nul amant ?
Dans ce cercle de monts qui, recourbant leur chaîne,
Nourrissent de leurs eaux ta source souterraine,
Sous la roche voûtée, antre mystérieux,
Où ta nymphe, échappant aux regards curieux,
Dans un gouffre sans fond cache sa source obscure,
Combien j'aimais à voir ton eau qui, toujours pure,
Tantôt dans son bassin renferme ses trésors,
Tantôt en bouillonnant s'élève, et de ses bords,
Versant parmi des rocs ses vagues blanchissantes,
De cascade en cascade au loin rejaillissantes,
Tombe et roule à grand bruit; puis, calmant son courroux
Sur un lit plus égal répand des flots plus doux,
Et, sous un ciel d'azur, coule, arrose et féconde
Le plus riant vallon qu'éclaire l'œil du monde!
Mais ces eaux, ce beau ciel, ce vallon enchanteur,
Moins que Pétrarque et Laure intéressaient mon cœur.
La voilà donc, disais-je, oui, voilà cette rive
Que Pétrarque charmait de sa lyre plaintive!
Ici Pétrarque, à Laure exprimant son amour,
Voyait naître trop tard, mourir trop tôt le jour;
Retrouverai-je encor sur ces rocs solitaires,
De leurs chiffres unis les tendres caractères ?

Une

Une grotte écartée avait frappé mes yeux ;
Grotte sombre, dis-moi si tu les vis heureux!
M'écriais-je : un vieux tronc bordait-il le rivage,
Laure avait reposé sous son antique ombrage :
Je redemandais Laure à l'écho du vallon ;
Et l'écho n'avait point oublié ce doux nom.
Partout mes yeux cherchaient, voyaient Pétrarque et Laure,
Et par eux ces beaux lieux s'embellissent encore.
  Ah ! si dans vos travaux est toujours respecté
Le lieu par un grand homme autrefois habité,
Combien doit l'être un sol embelli par lui-même !
Dans ces sites fameux, c'est leur maître qu'on aime.
Eh ! qui, du Tusculum de l'orateur romain,
Du Tivoli si cher au Pindare latin,
Aurait osé changer la forme antique et pure ?
Tout ornement l'altère, et l'art lui fait injure :
Loin donc l'audacieux qui, pour le corriger,
Profane un lieu célèbre en voulant le changer !
Le grand homme au tombeau se plaint de cet outrage,
Et les ans seuls ont droit d'embellir son ouvrage.
Gardez donc d'attenter à ces lieux révérés;
Leurs débris sont divins, leurs défauts sont sacrés.
Conservez leurs enclos, leurs jardins, leurs murailles,
Tel on laisse sa rouille au bronze des médailles :
Tel j'ai vu ce Twicknham, dont Pope est créateur [5] :
Le goût le défendit d'un art profanateur ;
Et ses maîtres nouveaux, révérant sa mémoire,
Dans l'œuvre de ses mains ont respecté sa gloire.
Ciel ! avec quel transport j'ai visité ce lieu
Dont Mindipe est le maître, et dont Pope est le dieu!

Le plus humble réduit avait pour moi des charmes.
Le voilà ce musée où, l'œil trempé de larmes,
De la tendre Héloïse il soupirait le nom ;
Là, sa muse évoquait Achille, Agamemnon,
Célébrait Dieu, le monde, et ses lois éternelles,
Ou les règles du goût, ou les cheveux des belles ;
Je reconnais l'alcôve où, jusqu'à son réveil,
Les doux rêves du sage amusaient son sommeil ;
Voici le bois secret, voici l'obscure allée
Où s'échauffait sa verve en beaux vers exhalée.
Approchez, contemplez ce monument pieux
Où pleurait en silence un fils religieux :
Là, repose sa mère ; et des touffes plus sombres
Sur ce saint mausolée ont redoublé leurs ombres ;
Là, du Parnasse anglais le chantre favori
Se fit porter mourant sous son bosquet chéri ;
Et son œil, que déjà couvrait l'ombre éternelle,
Vint saluer encor la tombe maternelle.
Salut, saule fameux que ses mains ont planté !
Hélas ! tes vieux rameaux dans leur caducité
En vain sur leurs appuis reposent leur vieillesse,
Un jour tu périras ; ses vers vivront sans cesse.
Console-toi pourtant ; celui qui, dans ses vers,
D'Homère, le premier, fit ouïr les concerts,
Bienfaiteur des jardins ainsi que du langage,
Le premier sur les eaux suspendit ton ombrage :
A peine le passant voit ce tronc respecté,
La rame est suspendue, et l'esquif arrêté ;
Et même en s'éloignant, vers ce lieu qu'il adore
Ses regards prolongés se retournent encore.

Mon sort est plus heureux ; par un secret amour
Près de ces bois sacrés j'ai fixé mon séjour.
Eh ! comment résister au charme qui m'entraîne ?
Par plus d'un doux rapport mon penchant m'y ramène.
Le chantre d'Ilion fut embelli par toi ;
Virgile, moins heureux, fut imité par moi.
Comme toi, je chéris ma noble indépendance ;
Comme toi, des forêts je cherche le silence.
Aussi, dans ces bosquets par ta muse habités,
Viennent errer souvent mes regards enchantés :
J'y crois entendre encor ta voix mélodieuse ;
J'interroge tes bois, ta grotte harmonieuse ;
Je plonge sous sa voûte avec un saint effroi,
Et viens lui demander des vers digne de toi.
Protège donc ma muse ; et si ma main fidèle
Jadis à nos Français te montra pour modèle,
Inspire encor mes chants ; c'est toi dont le flambeau
Guida l'art des jardins dans un chemin nouveau :
Ma voix t'en fait hommage, et, dans ce lieu champêtre,
Je viens t'offrir les fleurs que toi-même as fait naître.

FIN DU CHANT III.

CHANT IV.

Non, je ne puis quitter le spectacle des champs.
Eh! qui dédaignerait ce sujet de mes chants?
Il inspirait Virgile, il séduisait Homère.
Homère, qui d'Achille a chanté la colère,
Qui nous peint la terreur attelant ses coursiers,
Le vol sifflant des dards, le choc des boucliers,
Le trident de Neptune ébranlant les murailles,
Se plaît à rappeler, au milieu des batailles,
Les bois, les prés, les champs; et de ces frais tableaux
Les riantes couleurs délassent ses pinceaux :
Et lorsque pour Achille il prépare des armes,
S'il y grave d'abord les siéges, les alarmes,
Le vainqueur tout poudreux, le vaincu tout sanglant,
Sa main trace bientôt, d'un burin consolant,
La vigne, les troupeaux, les bois, les pâturages :
Le héros se revêt de ces douces images,
Part, et porte à travers les affreux bataillons
L'innocente vendange et les riches moissons.
Chantre divin, je laisse à tes muses altières
Le soin de diriger ces phalanges guerrières;
Diriger les jardins est mon paisible emploi.
Déjà le sol docile a reconnu ma loi ;
Des gazons l'ont couvert ; et, de sa main vermeille,
Flore sur leur tapis a versé sa corbeille ;

Des bois ont couronné les rochers et les eaux.
Maintenant, pour jouir de ces brillans tableaux,
Dans ces champs découverts, sous ces obscures voûtes,
D'agréables sentiers vont me frayer des routes.
Des scènes à ma voix naîtront de toutes parts ;
Pour les orner enfin j'y conduirai les arts ;
Et le ciseau divin, la noble architecture,
Vont de ces lieux charmans achever la parure.

Les sentiers, de nos pas guides ingénieux,
Doivent, en les montrant, nous embellir ces lieux.
Dans vos jardins naissans je défends qu'on les trace.
Dans vos plants achevés l'œil choisit mieux leur place :
Vers les plus beaux aspects sachez les diriger ;
Voyez, lorsque vous-même, aux yeux de l'étranger,
Vous montrez vos travaux, votre art avec adresse
Va chercher ce qui plaît, évite ce qui blesse,
Lui découvre en passant des sites enchantés,
Lui réserve au retour de nouvelles beautés,
De surprise en surprise et l'amuse et l'entraîne,
D'une scène qui fuit fait naître une autre scène ;
Et toujours remplissant ou piquant son désir,
Souvent, pour l'augmenter, diffère son plaisir.
Eh bien ! que vos sentiers vous imitent vous-même.

Dans leurs formes encor fuyez tout vain système,
Enfant du mauvais goût, par la mode adopté.
La mode règne aux champs, ainsi qu'à la cité.
Quand, de leur symétrique et pompeuse ordonnance,
Les jardins d'Italie eurent charmé la France,
Tout de cet art brillant fut prompt à s'éblouir :
Pas un arbre au cordeau n'osa désobéir ;

Tout s'aligna. Partont, en deux rangs étalées,
S'alongèrent sans fin d'éternelles allées.
Autre temps, autre goût : enfin le parc anglais
D'une beauté plus libre avertit le Français ;
Dès lors on ne vit plus que lignes ondoyantes,
Que sentiers, tortueux, que routes tournoyantes.
Lassé d'errer, en vain le terme est devant moi ;
Il faut encor errer, serpenter malgré soi,
Et, maudissant vingt fois votre importune adresse,
Suivre sans cesse un but qui recule sans cesse.
Évitez ces excès ; tout excès dure peu.
De ces sentiers divers chaque genre a son lieu :
L'un conduit aux aspects dont la grandeur frappante
De loin fixe mes yeux et nourrit mon attente ;
L'autre m'égarera dans ces réduits secrets
Qu'un art mystérieux semble voiler exprès :
Mais rendez naturel ce dédale factice ;
Qu'il ait l'air du besoin et non pas du caprice ;
Que divers accidens rencontrés dans son cours,
Les bois, les eaux, le sol, commandent ces détours.
Dans leur forme j'exige une heureuse souplesse ;
Des longs alignemens si je hais la tristesse,
Je hais bien plus encor le cours embarrassé
D'un sentier qui, pareil à ce serpent blessé,
En replis convulsifs sans cesse s'entrelace,
De détours redoublés, m'inquiète, me lasse :
Et sans variété, brusque et capricieux.
Tourmente et le terrain, et mes pas, et mes yeux.
  Il est des plis heureux, des courbes naturelles,
Dont les champs quelquefois vous offrent des modèles ;

La route de ces chars, la trace des troupeaux
Qui d'un pas négligent regagnent les hameaux,
La bergère indolente, et qui, dans les prairies,
Semble suivre au hasard ses tendres rêveries,
Vous enseignent ces plis mollement onduleux.
Loin donc de vos sentiers les contours anguleux ;
Surtout, quand vers le but un long détour nous mène,
Songez que le plaisir doit racheter la peine.

Des poètes fameux osez imiter l'art ;
Si leur muse en marchant se permet un écart,
Ce détour me rit plus que le chemin lui-même ;
C'est Nisus défendant Euryale qu'il aime ;
C'est au tombeau d'Hector son Andromaque en pleurs
Qu'ainsi votre art m'égare en de douces erreurs.
Des plus rians objets égayez le passage,
Et qu'au terme arrivés, votre art nous dédommage
Par d'aimables aspects, de riches ornemens,
De ce vivant poëme épisodes charmans.
Ici vous m'offrirez des antres verts et sombres,
Qu'habitent la fraîcheur, le silence et les ombres ;
L'imagination y devance les yeux :
Plus loin, c'est un beau lac qui réfléchit les cieux ;
Tantôt, dans le lointain, confuse et fugitive,
Se déploie une immense et noble perspective ;
Quelquefois un bosquet riant, mais recueilli,
Par la nature et vous richement embelli,
Plein d'ombres et de fleurs, et d'un luxe champêtre,
Semble dire : « Arrêtez ! où pouvez-vous mieux être ? »
Soudain la scène change ; au lieu de la gaîté,
C'est la mélancolie et la tranquillité ;

C'est le calme imposant des lieux où sont nourries
La méditation, les longues rêveries.
Là, l'homme avec son cœur revient s'entretenir,
Médite le présent, plonge dans l'avenir,
Songe aux biens, songe aux maux épars dans sa carrière :
Quelquefois, rejetant ses regards en arrière,
Se plaît à distinguer, dans le cercle des jours,
Ce peu d'instans, hélas ! et si chers et si courts,
Ces fleurs dans un désert, ces temps où le ramène
Le regret du bonheur et même de la peine.

Craignez donc d'imiter ces froids décorateurs
Qui ne veulent jamais que des objets flatteurs ;
Jamais rien de hardi dans leurs froids paysages,
Partout de frais berceaux et d'élégans bocages,
Toujours des fleurs, toujours des festons ; c'est toujours
Ou le temple de Flore, ou celui des Amours :
Leur gaîté monotone à la fin m'importune.
Mais vous, osez sortir de la route commune ;
Inventez, hasardez des contrastes heureux ;
Des effets opposés peuvent s'aider entre eux.
Imitez le Poussin : aux fêtes bocagères
Il nous peint les bergers et les jeunes bergères,
Les bras entrelacés, dansant sous des ormeaux,
Et près d'eux une tombe où sont écrits ces mots :
Et moi je fus aussi pasteur dans l'Arcadie.
Ce tableau des plaisirs, du néant de la vie,
Semble dire : « Mortels, hâtez-vous de jouir ;
« Jeux, danses et bergers, tout va s'évanouir. »
Et dans l'âme attendrie, à la vive allégresse
Succède par degrés une douce tristesse.

Imitez ces effets ; en de riants tableaux
Ne craignez point d'offrir des urnes , des tombeaux ,
D'offrir de vos douleurs le monument fidèle.
Eh ! qui n'a pas pleuré quelque perte cruelle ?
Loin d'un monde léger , venez donc à vos pleurs ,
Venez associer les bois , les eaux , les fleurs.
Tout devient un ami pour les ames sensibles.
Déjà , pour l'embrasser de leurs ombres paisibles
Se penchent sur la tombe , objet de vos regrets ,
L'if , le sombre sapin , et toi, triste cyprès ;
Fidèle ami des morts , protecteur de leur cendre ,
Ta tige, chère au cœur mélancolique et tendre ,
Laisse la joie au myrte et la gloire au laurier ;
Tu n'es point l'arbre heureux de l'amant , du guerrier ,
Je le sais ; mais ton deuil compâtit à nos peines.

Dans tous ces monumens point de recherches vaines.
Pouvez-vous allier , dans ces objets touchants ,
L'art avec la douleur , le luxe avec les champs ?
Surtout ne feignez rien. Loin ce cercueil factice,
Ces urnes sans douleur , que plaça le caprice ;
Loin ces vains monuments d'un chien ou d'un oiseau :
C'est profaner le deuil , insulter au tombeau.

Ah ! si d'aucun ami vous n'honorez la cendre ,
Voyez sous ces vieux ifs la tombe où vont descendre
Ceux qui , courbés pour vous sur des sillons ingrats ,
Au sein de la misère espèrent le trépas.
Rougiriez-vous d'orner leurs humbles sépultures ?
Vous n'y pouvez graver d'illustres aventures ,
Sans doute. Depuis l'aube , où le coq matinal
Des rustiques travaux leur donne le signal ,

5.

Jusques à la veillée, où leur jeune famille
Environne avec eux le sarment qui pétille,
Dans les mêmes travaux roulent en paix leurs jours ;
Des guerres, des traités n'en marquent point le cours :
Naître, souffrir, mourir, c'est toute leur histoire.
Mais leur cœur n'est point sourd au bruit de leur mémoire
Quel homme vers la vie, au moment du départ,
Ne se tourne, et ne jette un triste et long regard,
A l'espoir d'un regret ne sent pas quelque charme,
Et des yeux d'un ami n'attend pas une larme ?
Pour consoler leur vie honorez donc leur mort.
Celui qui, de son rang faisant rougir le sort,
Servit son Dieu, son roi, son pays, sa famille,
Qui grava la pudeur sur le front de sa fille,
D'une pierre moins brute honorez son tombeau ;
Tracez-y ses vertus, et les pleurs du hameau :
Qu'on y lise : *Ci-gît le bon fils, le bon père,
Le bon époux.* Souvent un charme involontaire
Vers ces enclos sacrés appellera vos yeux.
Et toi qui vins chanter sous ces arbres pieux,
Avant de les quitter, muse que ta guirlande
Demeure à leurs rameaux suspendue en offrande.
Que d'autres dans leurs vers célèbrent la beauté ;
Que leur muse, toujours ivre de volupté,
Ne se montre jamais qu'un myrte sur la tête,
Qu'avec ses chants de joie, et ses habits de fête ;
Toi, tu dis au tombeau des chants consolateurs,
Et ta main la première y jeta quelques fleurs.

 Revenons, il est temps, sous de plus gais ombrages.
L'architecture encore au fond de ces bocages

M'attend pour les orner d'édifices charmans.
Ce ne sont plus du deuil les tristes monumens ;
Ce sont d'heureux réduits dont la riche parure ,
D'arbres environnée , embellit leur verdure.
Mais j'en permets l'usage , et j'en proscris l'abus.
Bannissez des jardins tout cet amas confus
D'édifices divers prodigués par la mode ,
Obélisque, rotonde , et kiosk , et pagode ,
Ces bâtimens romains , grecs , arabes , chinois ,
Chaos d'architecture et sans but et sans choix ,
Dont la profusion stérilement féconde
Enferme en un jardin les quatre parts du monde.

Dans Stow , je l'avoûrai , l'art plus judicieux [a]
Et choisit mieux leur forme , et les disposa mieux :
Je crois , en admirant leur pompe enchanteresse,
Ou voyager dans Rome , ou parcourir la Grèce.
Mais les Grecs , les Romains , et les âges passés ,
Seuls dans ces grands travaux ne sont pas retracés :
Non , ces lieux embellis par vous , par vos ancêtres ,
O couple vertueux ! me parlent de leurs maîtres ;
Ces murs que la concorde honore de son nom ,
De votre heureux hymen me montrent l'union :
Qui peut voir, sans songer à vos vertus publiques,
Ce monument sacré des vertus domestiques ?
Salut , temple des arts , temple de l'amitié....
Mais quoi ! je n'y vois point l'autel de la pitié !
Qui pourtant mieux que vous connut sa douce flamme ?
Ah ! s'il n'est dans ces lieux , son temple est dans votre âme.
En vain cet Élysée , aimable et doux abri ,
Croit être du bonheur le séjour favori ;

Il n'est point confiné dans ce riant asile,
Il vous suit aux hameaux, à la cour, à la ville;
En faisant des heureux sans craindre des ingrats,
L'Élysée est partout où s'adressent vos pas.
Quels que soient leur grandeur, leur nombre, leur figure,
Des bâtimens divers que la forme soit pure.
N'y cherchez pas non plus un oisif ornement ;
Et sous l'utilité déguisez l'agrément.

La ferme, le trésor, le plaisir de son maître,
Réclamera d'abord sa parure champêtre.
Que l'orgueilleux château ne la dédaigne pas ;
Il lui doit sa richesse ; et ses simples appas
L'emportent sur son luxe, autant que l'art d'Armide
Cède au souris naïf d'une vierge timide.
La ferme! A ce nom seul, les moissons, les vergers,
Le règne pastoral, les doux soins des bergers,
Ces biens de l'âge d'or, dont l'image chérie
Plut tant à mon enfance, âge d'or de la vie,
Réveillent dans mon cœur mille regrets touchans.
Venez, de vos oiseaux j'entends déjà les chants :
J'entends rouler les chars qui traînent l'abondance,
Et le bruit des fléaux qui tombent en cadence.

Ornez donc ce séjour ; mais, absurde à grands frais,
N'allez pas ériger une ferme en palais :
Élégante à la fois et simple dans son style,
La ferme est aux jardins ce qu'aux vers est l'idylle.

Ah! par les dieux des champs que le luxe effronté
De ce modeste lieu soit toujours rejeté !
N'allez pas déguiser vos pressoirs et vos granges :
Je veux voir l'appareil des moissons, des vendanges ;

Que le crible, le van, où le froment doré
Bondit avec la paille et retombe épuré,
La herse, les traîneaux, tout l'attirail champêtre,
Sans honte à mes regards osent ici paraître ;
Surtout des animaux que le tableau mouvant
Au dedans, au dehors, lui donne un air vivant.
Ce n'est plus du château la parure stérile,
La grâce inanimée et la pompe immobile :
Tout vit, tout est peuplé dans ces murs, sous ces toits.
Que d'oiseaux différens et d'instinct et de voix,
Habitant sous l'ardoise, ou la tuile, ou le chaume,
Famille, nation, république, royaume,
M'occupent de leurs mœurs, m'amusent de leurs jeux!
A leur tête est le coq, père, amant, chef heureux,
Qui, roi sans tyrannie et sultan sans mollesse,
A son sérail ailé prodiguant sa tendresse,
Aux droits de la valeur joint ceux de la beauté,
Commande avec douceur, caresse avec fierté,
Et, fait pour les plaisirs, et l'empire et la gloire,
Aime, combat, triomphe, et chante sa victoire:
Vous aimerez à voir leurs jeux et leurs combats,
Leurs haines, leurs amours, et jusqu'à leurs repas :
La corbeille à la main, la sage ménagère
A peine a reparu, la nation légère,
Du sommet de ses tours, du penchant de ses toits,
En tourbillons bruyans descend tout à la fois :
La foule avide en cercle autour d'elle se presse ;
D'autres, toujours chassés et revenant sans cesse,
Assiègent la corbeille, et jusque dans la main;
Parasites hardis, viennent ravir le grain.

Soignez donc, protégez ce peuple domestique ;
Que leur logis soit sain, et non pas magnifique :
Que leur font des réduits richement décorés,
Le marbre des bassins, les grillages dorés ?
Un seul grain de millet leur plairait davantage.
La Fontaine l'a dit. O véritable sage !
La Fontaine, c'est toi qu'il faudrait en ces lieux ;
Chantre heureux de l'instinct, ils t'inspireraient mieux :
Le paon, fier d'étaler l'iris qui le décore,
Du dindon rengorgé l'orgueil plus sot encore,
Pourraient à nos dépens égayer ton pinceau.
Là de tes deux pigeons tu verrais le tableau ;
Et deux coqs amoureux, à la discorde en proie,
Te feraient dire encore : « Amour, tu perdis Troie. »
Ainsi nous plaît la ferme et son air animé.

Dans cet autre réduit quel peuple renfermé
De ses cris inconnus a frappé mon oreille ?
Là sont des animaux, étrangères merveilles ;
Là, dans un doux exil, vivent emprisonnés
Quadrupèdes, oiseaux, l'un de l'autre étonnés.
N'allez pas rechercher les espèces bizarres :
Préférez les plus beaux, et non pas les plus rares ;
Offrez-nous ces oiseaux qui, nés sous d'autres cieux,
Favoris du soleil, brillent de tous ses feux,
L'or pourpré du faisan, l'émail de la pintade ;
Logez plus richement ces oiseaux de parade :
Eux-mêmes sont un luxe ; et, puisque leur beauté
Rachète à vos regards leur inutilité,
De ces captifs brillans que les prisons soient belles.
Surtout ne m'offrez point ces animaux rebelles,

De qui l'orgueil s'indigne et languit dans nos fers :
Eh ! quel œil, sans regret, peut voir le roi des airs,
L'aigle, qui se jouait au milieu de l'orage,
Oublier aujourd'hui, dans une indigne cage,
La fierté de son vol et l'éclair de ses yeux ?
Rendez-lui le soleil et la voûte des cieux :
Un être dégradé ne peut jamais nous plaire.

 Tandis que, déployant leur parure étrangère,
Ces hôtes différens semblent briguer mon choix,
Mon odorat charmé m'appelle sous ces toits,
Où, de même exilés et ravis à leur terre,
D'étrangers végétaux habitent sous le verre :
Entourez d'un air doux ces frêles rejetons ;
Mais, vainqueur des climats, respectez les saisons ;
Ne forcez point d'éclore, au sein de la froidure,
Des biens qu'à d'autres temps destinait la nature ;
Laissez aux lieux flétris par des hivers constans
Ces fruits d'un faux été, ces fleurs d'un faux printems :
Et lorsque le soleil va mûrir vos richesses,
Sans forcer ses présens attendez ses largesses.

 Mais j'aime à voir ces toits, ces abris transparens,
Recéler des climats les tributs différens,
Cet asile enhardit le jasmin d'Ibérie,
La pervenche frileuse oublier sa patrie,
Et le jaune ananas, par ces chaleurs trompé,
Vous livrer de son fruit le trésor usurpé.
Tel nous plaît Trianon ; tel Paris nous étale
De deux mondes rivaux la pompe végétale ;
Tel, formant une cour à l'épouse des rois,
Kiow des plants étrangers a rassemblé le choix [3] :

A ces sujets nouveaux leur reine vient sourire ;
Chacun, comme Albion, bénit son doux empire,
Et, retrouvant ici son climat, sa saison,
Pardonne son exil et chérit sa prison.

Motivez donc toujours vos divers édifices,
Des animaux, des fleurs, agréables hospices.
Combien d'autres encore, adoptés par les lieux,
Approuvés par le goût, peuvent charmer mes yeux ?
Sous ces saules que baigne une onde salutaire
Je placerais du bain l'asile solitaire ;
Plus loin une cabane, où règne la fraîcheur,
Offrirait les filets et la ligne au pêcheur.

Vous voyez de ce bois la douce solitude :
J'y consacre un asile aux muses, à l'étude ;
Dans ce majestueux et long enfoncement
J'ordonne un obélisque, auguste monument ;
Il s'élève, et j'écris sur la pierre attendrie :
A nos braves marins mourant pour la patrie!
Quelques pleurs, en passant, s'échappent de vos yeux.

Là-haut, c'est une tour où l'art ingénieux
Élève et fait jouer ces tablettes parlantes,
Qui, des faits confiés à leurs feuilles mouvantes,
Se transmettent dans l'air les rapides signaux.
Indignée à l'aspect de ces courriers nouveaux,
La déesse aux cent yeux, aux cent voix infidèles,
A brisé sa trompette et replié ses ailes.

Ainsi vos bâtimens, vos asiles divers
Ne seront point oisifs, ne seront point déserts :
Au site assortissez leur figure, leur masse ;
Que chacun, avec goût établi dans sa place,

Jamais trop resserré, jamais trop étendu,
Laisse briller la scène et n'y soit point perdu.
  Sachez ce qui convient ou nuit au caractère :
Un réduit écarté, dans un lieu solitaire,
Peint mieux la solitude encore et l'abandon.
Montrez-vous donc fidèle à chaque expression ;
N'allez pas au grand jour offrir un ermitage ;
Ne cachez point un temple au fond d'un bois sauvage :
Un temple veut paraître au penchant d'un coteau ;
Son site aérien répand dans le tableau
L'éclat, la majesté, le mouvement, la vie ;
Je crois voir un aspect de la belle Ausonie.
  Par un contraire effet vous cacherez au jour
L'asile du silence, ou celui de l'amour :
Ainsi de Radzivil se dérobe le temple ;
L'œil de loin le devine, et de près le contemple
Dans son île charmante, abri voluptueux.
Là, tout est frais, riant, simple, majestueux :
Au dedans, un jour doux, le calme, le mystère,
Les traits chéris du dieu qu'en secret on révère ;
Au dehors, les parfums de cent vases divers
En nuage odorant exhalés dans les airs ;
Ce beau lac dont l'azur réfléchit son portique ;
Ces restes d'un vieux temple, et cette voûte antique
Qui voit d'heureux troupeaux dormir aux mêmes lieux
Où leur sang autrefois eût coulé pour les dieux ;
L'heureuse allégorie, et la fable et l'histoire,
Tout ce qui plaît aux yeux, et parle à la mémoire,
La nature et les arts, le génie et le goût,
Tout sert à l'embellir ; lui-même embellit tout.

Heureux quand Radzivil daigne en orner les fêtes,
Et vient au dieu du temple assurer des conquêtes !
Telle est des bâtimens la grâce et la beauté.

 Mais de ces monuments la brillante gaîté,
Et leur luxe moderne, et leur fraîche jeunesse,
D'un auguste débris valent-ils la vieillesse ?
L'aspect désordonné de ces grands corps épars,
Leur forme pittoresque, attachent les regards ;
Par eux le cours des ans est marqué sur la terre ;
Détruits par les volcans, ou l'orage ou la guerre,
Ils instruisent toujours, consolent quelquefois.
Ces masses qui du temps sentent aussi le poids,
Enseignent à céder à ce commun ravage,
A pardonner au sort. Telle jadis Carthage
Vit sur ses murs détruits Marius malheureux ;
Et ces deux grands débris se consolaient entre eux.

 Liez donc à vos plants ces vénérables restes.
Et toi qui, m'égarant dans ces sites agrestes,
Bien loin des lieux frayés, des vulgaires chemins,
Par des sentiers nouveaux guides l'art des jardins,
O sœur de la Peinture, aimable Poésie,
A ces vieux monumens viens redonner la vie ;
Viens présenter au goût ces riches accidens
Que de ses lentes mains a dessinés le temps.

 Tantôt c'est une antique et modeste chapelle,
Saint asile où jadis, dans la saison nouvelle,
Vierges, femmes, enfans, sur un rustique autel,
Venaient pour les moissons implorer l'Éternel ;
Un long respect consacre encore ces ruines :
Tantôt, c'est un vieux fort qui, du haut des collines,

Tyran de la contrée, effroi de ses vassaux,
Portait jusques au ciel l'orgueil de ses créneaux :
Qui, dans ces temps affreux de discorde et d'alarmes,
Vit les grands coups de lance et les nobles faits d'armes
De nos preux chevaliers, des Bayards, des Henris ;
Aujourd'hui la moisson flotte sur ses débris.
Ces débris, cette mâle et triste architecture
Qu'environne une fraîche et riante verdure ;
Ces angles, ces glacis, ces vieux restes de tours
Où l'oiseau couve en paix le fruit de ses amours,
Et ces troupeaux peuplant ces enceintes guerrières,
Et l'enfant qui se joue où combattaient ses pères ;
Saisissez ce contraste, et déployez aux yeux
Ce tableau doux et fier, champêtre et belliqueux.

Plus loin, une abbaye antique, abandonnée,
Tout-à-coup s'offre aux yeux de bois environnée.
Quel silence ! C'est là qu'amante du désert
La Méditation avec plaisir se perd
Sous ces portiques saints, où des vierges austères,
Jadis, comme ces feux, ces lampes solitaires
Dont les mornes clartés veillent dans le saint lieu,
Pâles, veillaient, brûlaient se consumaient pour Dieu.
Le saint recueillement, la paisible innocence
Semble encor de ces lieux habiter le silence ;
La mousse de ces murs, ce dôme, cette tour,
Les arcs de ce long cloître impénétrable au jour,
Les degrés de l'autel usés par la prière,
Ces noirs vitraux, ce sombre et profond sanctuaire
Où peut-être des cœurs, en secret malheureux,
A l'inflexible autel se plaignaient de leurs nœuds,

Et pour des souvenirs encor trop pleins de charmes
A la religion dérobaient quelques larmes ;
Tout parle, tout émeut dans ce séjour sacré :
Là, dans la solitude en rêvant égaré,
Quelquefois vous croirez, au déclin d'un jour sombre,
D'une Héloïse en pleurs entendre gémir l'ombre.

Mettez donc à profit ces restes révérés,
Augustes ou touchans, profanes ou sacrés.
Mais loin ces monumens dont la ruine feinte
Imite mal du temps l'inimitable empreinte,
Tous ces temples anciens récemment contrefaits,
Ces restes d'un château qui n'exista jamais,
Ces vieux ponts nés d'hier, et cette tour gothique
Ayant l'air délabré sans avoir l'air antique,
Artifice à la fois impuissant et grossier :
Je crois voir cet enfant tristement grimacier,
Qui, jouant la vieillesse et ridant son visage,
Perd, sans paraître vieux, les grâces du jeune âge.
Mais un débris réel intéresse mes yeux ;
Jadis contemporain de nos simples aïeux,
J'aime à l'interroger, je me plais à le croire ;
Des peuples et des temps il me redit l'histoire :
Plus ces temps sont fameux, plus ces peuples sont grands,
Et plus j'admirerai ces restes imposans.

O champs de l'Italie ! ô campagnes de Rome !
Où dans tout son orgueil gît le néant de l'homme !
C'est là que des aspects fameux par de grands noms,
Pleins de grands souvenirs et de hautes leçons,
Vous offrent ces objets, trésors des paysages.
Voyez de toutes parts comment le cours des âges

Dispersant, déchirant de précieux lambeaux,
Jetant temple sur temple, et tombeaux sur tombeaux,
De Rome étale au loin la ruine immortelle ;
Ces portiques, ces arcs, où la pierre fidéle
Garde du peuple-roi les exploits éclatans ;
Leur masse indestructible a fatigué le temps ;
Des fleuves suspendus ici mugissait l'onde,
Sous ces portes passaient les dépouilles du monde ;
Partout confusément dans la poussière épars,
Les thermes, les palais, les tombeaux des Césars,
Tandis que de Virgile, et d'Ovide et d'Horace,
La douce illusion nous montre encor la trace.
Heureux, cent fois heureux l'artiste des jardins
Dont l'art peut s'emparer de ces restes divins !
Déjà la main du temps sourdement le seconde ;
Déjà sur les grandeurs de ces maîtres du monde
La nature se plaît à reprendre ses droits.
Au lieu même où Pompée, heureux vainqueur des rois,
Étalait tant de faste, ainsi qu'au jour d'Evandre,
La flûte des bergers revient se faire entendre.
Voyez rire ces champs au laboureur rendus,
Sur ces combles tremblans ces chevreaux suspendus,
L'orgueilleux obélisque au loin couché sur l'herbe,
L'humble ronce embrassant la colonne superbe ;
Ces forêts d'arbrisseaux, de plantes, de buissons,
Montant, tombant en grappe, en touffes, en festons,
Par le souffle des vents semés sur ces ruines,
Le figuier, l'olivier, de leurs faibles racines
Achèvent d'ébranler l'ouvrage des Romains ;
Et la vigne flexible, et le lierre aux cent mains,

Autour de ces débris rampant avec souplesse,
Semblent vouloir cacher ou parer leur vieillesse.

 Mais, si vous n'avez pas ces restes renommés,
N'avez-vous pas du moins ces bronzes animés,
Et ces marbres vivans, déités des vieux âges,
Où l'art seul fut divin et força les hommages ?
 Je sais qu'un goût sévère a voulu des jardins
Exiler tous ces dieux des Grecs et des Romains.
Et pourquoi ? Dans Athène et dans Rome nourrie,
Notre enfance a connu leur riante féerie ;
Ces dieux n'étaient-ils pas laboureurs et bergers ?
Pourquoi donc leur fermer vos bois et vos vergers ?
Sans Pomone vos fruits oseront-ils éclore ?
De l'empire des fleurs pouvez-vous chasser Flore ?
Ah ! que ces dieux toujours enchantent nos regards !
L'idolâtrie encore est le culte des arts :
Mais que l'art soit parfait ; loin des jardins qu'on chasse
Ces dieux sans majesté, ces déesses sans grâce.
A chaque déité choisissez son vrai lieu ;
Qu'un dieu n'usurpe pas les droits d'un autre dieu;
Laissez Pan dans les bois. D'où vient que ces Naïades,
Que ces Tritons à sec se mêlent aux Driades ?
Pourquoi ce Nil en vain couronné de roseaux,
Et dont l'urne poudreuse est l'abri des oiseaux ?
Otez-moi ces lions et ces tigres sauvages ;
Ces monstres me font peur, même dans leurs images :
Et ces tristes Césars, cent fois plus monstres qu'eux,
Aux portes des bosquets sentinelles affreux,
Qui, tout hideux d'effroi, de soupçons et de crimes,
Semblent encor de l'œil désigner leurs victimes :

De quel droit s'offrent-ils dans ce riant séjour ?
Montrez-moi des mortels plus chers à notre amour ;
En des lieux consacrés à leur apothéose,
Créez un Élysée où leur ombre repose :
Loin des profanes yeux, dans des vallons couverts
De lauriers odorans, de myrtes toujours verts,
En marbre de Paros offrez-nous leurs images ;
Qu'une eau lente se plaise à baigner ces bocages,
Et qu'aux ombres du soir mêlant un jour douteux,
Diane aux doux rayons soit l'astre de ces lieux :
Leur tranquille beauté sous ces dais de verdure,
De ces marbres chéris la blancheur tendre et pure,
Ces grands hommes, leur calme et simple majesté,
Cette eau silencieuse, image du Léthé,
Qui semble, pour leurs cœurs exempts d'inquiétude,
Rouler l'oubli des maux et de l'ingratitude,
Ces bois, ce jour mourant sous leur ombrage épais,
Tout des mânes heureux y respire la paix.
Vous donc, n'y consacrez que des vertus tranquilles.
Loin tous ces conquérans en ravages fertiles ;
Comme ils troublaient le monde, ils troubleraient ces lieux.
Placez-y les amis des hommes et des dieux,
Ceux qui, par des bienfaits, vivent dans la mémoire,
Ces rois dont leurs sujets n'ont point pleuré la gloire.
Montrez-y Fénélon à notre œil attendri ;
Que Sully s'y relève embrassé par Henri.
Donnez des fleurs, donnez ; j'en couvrirai ces sages
Qui, dans un noble exil, sur de lointains rivages,
Cherchaient et répandaient les arts consolateurs.
Toi surtout, brave Cook, qui, cher à tous les cœurs,

Unis par les regrets la France et l'Angleterre ;
Toi qui, dans ces climats où le bruit du tonnerre
Nous annonçait jadis, Triptolème nouveau,
Apportais le coursier, la brebis, le taureau,
Le soc cultivateur, les arts de ta patrie,
Et des brigands d'Europe expiais la furie ;
Ta voile, en arrivant, leur annonçait la paix ;
Et ta voile, en partant, leur laissait des bienfaits.
Reçois donc ce tribut d'un enfant de la France.
Et que fait son pays à ma reconnaissance ?
Ses vertus en ont fait notre concitoyen.
Imitons notre roi, digne d'être le sien.
Hélas ! de quoi lui sert que deux fois son audace
Ait vu des cieux brûlants, fendu des mers de glace ;
Que des peuples, des vents, des ondes révéré,
Seul sur des vastes mers son vaisseau fût sacré ;
Que pour lui seul la guerre oubliât ses ravages ?
L'ami des arts, hélas ! meurt en proie aux sauvages.
Aux bords d'une eau limpide, en des bosquets fleuris,
Mêlez donc son image à ces bustes chéris ;
Et que son doux aspect, ses malheurs, et vos larmes,
A ces lieux enchantés prêtent encor des charmes.

 Mais c'est peu d'enseigner l'art d'embellir les champs,
Il faut les faire aimer ; et peut-être en mes chants,
Bien mieux qu'un froid précepte, une histoire touchante
Rendra plus chers encor les travaux que je chante.
Ces doux soins qui du sage occupent les loisirs,
Quelquefois les rois même ont goûté leurs plaisirs.
C'est toi que j'en atteste, ô vieillard magnanime !
Toi, né du sang royal, modeste Abdolonyme.

Obscur et retiré dans son paisible enclos,
Entre son doux travail et son heureux repos,
Le vieillard oubliait le sang qui le fit naître ;
Nul séjour n'égalait sa demeure champêtre ;
D'un côté, c'est Sidon, et son port, et ses mers ;
De l'autre, du Liban les cèdres toujours verts,
Dont les sommets pompeux, disposés en étage,
Levaient cime sur cime, ombrage sur ombrage ;
Au flanc de la montagne, un fertile coteau,
Vêtu d'un vert tapis, s'étendait en plateau,
Et de là deux filets d'une onde cristalline
Tombaient en murmurant le long de la colline ;
Au centre du jardin, vers le soleil naissant,
Un vallon fortuné se courbait en croissant,
Zone délicieuse, en tout temps ignorée
Et du midi brûlant et du fougueux Borée ;
Dans le fond les sapins, les cyprès fastueux,
En cercle dessinaient leurs troncs majestueux ;
Mille arbustes divers y versaient sans blessure
Le nard le plus parfait, la myrrhe la plus pure ;
Au devant on voyait, déployant son trésor,
Le citron, orgueilleux de son écorce d'or,
Et la rouge grenade, et la figue mielleuse,
Et du riche palmier la datte savoureuse ;
Autour, quelques rochers du marbre le plus pur,
Veinés d'or et d'argent, et de pourpre et d'azur,
Charmaient plus ses regards dans leurs masses rustiques
Que ceux dont l'art jadis décorait ses portiques ;
Sur leurs flancs ondoyaient des arbrisseaux en fleurs,
Différens de parfums, de formes, de couleurs ;

La rose les parait, et sur une onde pure
De vieux saules penchaient leur longue chevelure :
Plus loin c'est un troupeau qui, content sous ses lois,
Lui peignait l'origine et les devoirs des rois.
Les premiers souverains furent pasteurs des hommes,
Se disait-il souvent ; mais dans l'âge où nous sommes,
Quels sages envîraient ces illustres dangers ?
Il disait, et, content du sceptre des bergers,
Il soignait tour-à-tour ses troupeaux et ses plantes ;
Son fils le secondait de ses mains innocentes.
L'un est majestueux encore en son déclin ;
Sa barbe en flots d'argent se répand sur son sein ;
Sur son teint vigoureux une mâle vieillesse
N'a point décoloré les fleurs de la jeunesse ;
Sa marche est assurée, et son auguste front
Du temps et du malheur semble braver l'affront :
Son fils est dans sa fleur ; mais de l'adolescence
Les traits déjà plus mûrs s'éloignent de l'enfance ;
La rose est sur sa joue, et d'un léger coton
Le duvet de la pêche ombrage son menton ;
Son air est doux, mais fier, et de sa noble race
Je ne sais quoi de grand conserve encor la trace.
Tous deux, lorsque le soir tempérait les chaleurs,
Au repos de la nuit abandonnant les fleurs,
Quelquefois de l'empire ils lisaient les annales,
Et du peuple et des grands les discordes fatales ;
Comment, au bruit confus de mille affreuses voix,
Le crime ensanglanta la demeure des rois,
Et du trône brisé fit tomber leurs ancêtres.
Le vieillard les pleurait ; mais, sous ces toits champêtres,

Tranquille, il était loin d'envier leur splendeur.
Tel n'était point son fils : un instinct de grandeur
Quelquefois dans son âme éveillait son courage
Au-dessus de son sort, au-dessus de son âge ;
Mais l'exemple d'un père arrêtant son essor,
A son labeur champêtre il se plaisait encor.
Tel un jeune arbrisseau, qui sur les vastes plaines
Doit déployer un jour ses ombres souveraines,
Dans un antique bois qu'a foudroyé le ciel,
Faible, se cache encor sous l'abri paternel.
Au centre du jardin est un autel champêtre ;
Là tous deux des saisons ils adoraient le maître.
Un soir, après avoir fini leurs doux travaux,
Désaltéré leurs fleurs, taillé leurs arbrisseaux,
Au pied de cet autel couronné de guirlandes,
Tous deux agenouillés présentaient leurs offrandes ;
L'air était en repos : les rayons du soleil,
Glissant obliquement de l'occident vermeil,
Peignaient au loin les mers de leur pourpre flottante ;
Les vaisseaux de Sidon de leur voile ondoyante
A peine recueillaient quelque souffle des vents ;
La vague avec lenteur roulait ses plis mouvans ;
Enfin tout était calme, et la nature entière
Semblait avec respect écouter leur prière :
Chaque vœu vers le ciel s'élève en liberté ;
Par les voûtes d'un temple il n'est point arrêté ;
Et les fruits parfumés, les fleurs, et la verdure,
Formaient de mille odeurs l'encens de la nature.
Le vieillard, le premier, au maître des humains
Levait, en suppliant, ses vénérables mains :

Il priait pour ses fruits, pour son fils, pour l'empire;
Sur ses lèvres errait un auguste sourire ;
Son fils l'accompagnait de ses timides vœux ;
Leurs voix montaient ensemble à l'oreille des dieux :
Soixante ans de vertus recommandent le père ;
L'innocence du fils protège sa prière.
Un si touchant spectacle attendrissait le ciel ;
Et dans le même instant, au pied du même autel,
Tout l'Olympe attentif contemplait en silence
Le malheur, la vertu, la vieillesse, et l'enfance.
Voilà que tout-à-coup résonne aux environs
L'éclatante trompette, et le bruit des clairons ;
Une troupe guerrière entoure cette enceinte ;
Le jeune Abdolonyme a tressailli de crainte :
Mon fils, dit le vieillard, ne t'épouvante pas !
Lorsque l'orgueil armé rassemble ses soldats,
Le riche peut trembler ; mais le pauvre est tranquille.
Il dit, reste à l'autel, et demeure immobile.
Mais la trompette sonne une seconde fois,
Et l'écho roule au loin prolongé dans les bois :
C'est le vainqueur de Tyr, c'est lui, c'est Alexandre,
Fatigué de marcher sur des palais en cendre ;
Effroi du trône, il veut en devenir l'appui,
Et ce caprice auguste est digne encor de lui.
Des portes du jardin les pilastres rustiques
N'offraient point des palais les marbres magnifiques
D'un simple bois de chêne ils étaient façonnés ;
Ces lieux d'un vert rempart étaient environnés,
Les mûriers, les buissons, les blanches aubépines,
Ensemble composaient ces murs tissus d'épines.

Alexandre s'arrête ; et ce triomphateur,
Qui des plus fiers remparts abaissa la hauteur,
Contemple avec respect cette faible barrière ;
Il laisse hors des murs sa cohorte guerrière ;
Il porte dans l'enceinte un pas religieux,
Et craint de profaner le calme de ces lieux :
A peine il les a vus, ses passions s'apaisent,
Son orgueil s'attendrit, ses victoires se taisent ;
Et sur ce cœur fougueux, sur ce tyran des rois,
La nature un instant a repris tous ses droits.
Il cherche le vieillard, il le voit, il s'approche :
Ce lieu me fait, dit-il, un trop juste reproche ;
Il me dit que j'ai trop trop méconnu le bonheur.
A terrasser les rois je mettais mon honneur ;
Je vais jouir enfin d'un charme que j'ignore :
Ton sang régna jadis, il doit régner encore ;
Sors de l'obscurité : les peuples et les rois
Sont toujours criminels d'abandonner leurs droits.
Ne me refuse pas cette nouvelle gloire,
C'est le prix le plus doux qu'attendait ma victoire.
Viens donc, tout te rappelle au rang de tes aïeux,
Tes vertus, et ton peuple, Alexandre, et les dieux.
— Ainsi ta main toujours dispose des couronnes ;
Aux uns tu les ravis, aux autres tu les donnes,
Répondit le vieillard, et de tes fières lois
Le plus obscur réduit ne peut sauver les rois !
Hé bien ! à mes destins je suis prêt à souscrire ;
Pour le rendre à mon fils je reprends mon empire.
Toi, si tu peux des champs goûter encor la paix,
Contemple cet asile, et conçois mes regrets :

6.

Permets donc qu'en ces lieux le sommeil des chaumières
Pour cette nuit du moins ferme encor mes paupières,
Et qu'en ce doux abri prolongeant mon séjour,
Je dérobe aux grandeurs le reste d'un beau jour;
Demain à mes devoirs je consens à me rendre.
Cette noble fierté plaît au cœur d'Alexandre;
Mais, durant leurs adieux, le fils, dans le jardin
Ayant cueilli des fleurs qu'entrelace sa main,
A ces lauriers cruels qu'ensanglanta Bellone
Demande à marier sa modeste couronne.
Le héros lui sourit, et ce front triomphant
Se courbe avec plaisir sous la main d'un enfant;
Il le prend, il l'embrasse, et, fixant son visage,
Dans ses destins futurs aime à voir son ouvrage:
Il part enfin, s'éloigne, et s'arrache à regret
A ce couple innocent qu'il envie en secret:
Il s'éloigne indigné de sa grandeur cruelle
Qui traîne le ravage et le deuil après elle,
Prend pitié de sa gloire, et sent avec douleur
Qu'il a conquis le monde, et perdu le bonheur;
Mais ce jour le console: il éprouve en lui-même
Ce plaisir pur qui fuit l'orgueil du diadème,
Qu'ignore la victoire, et quitte ces beaux lieux,
Fier d'un plus beau triomphe, et plus grand à ses yeux.
Le vieillard tout le soir suit sa tâche innocente;
Il va de fleur en fleur, erre de plante en plante,
Se hâte de jouir, et dans le fond du cœur
Recueille avidement un reste de bonheur.
A peine l'horizon avait rougi l'aurore,
Que, pressant dans ses bras cet enfant qu'il adore:

Je vais régner, dit-il, et ce terrible emploi,
Mon fils, après ma mort, retombera sur toi :
Que je te plains ! ces bois, ces fleurs, sujets fidèles,
Ne m'étaient point ingrats, ne m'étaient point rebelles :
Qu'un sort bien différent nous attend aujourd'hui !
Viens donc, ô cher enfant ! viens, ô mon doux appui !
Du malheur de régner, viens consoler ton père.
Et vous, objets charmans, toi, cabane si chère,
Vous que je cultivais, vergers délicieux,
Arbres que j'ai plantés, recevez mes adieux.
Hélas ! coulant ici mes heures fortunées,
Heureux, par vos printemps je comptais mes années ;
Ces fastes valaient bien les annales des rois.
Puisse du moins l'empire être heureux sous mes lois,
Et, me dédommageant de vos pures délices,
Par le bonheur commun payer mes sacrifices !
Il dit, promène encor ses regards attendris
Sur ses bois, sur ces fleurs, ses élèves chéris,
Et part, environné d'une brillante escorte.
Mais du palais a peine il a touché la porte,
Mille ressouvenirs se pressent sur son cœur :
Dans un confus transport de joie et de douleur,
En silence il parcourt le séjour de ses pères,
Témoin de leur grandeur, témoin de leurs misères.
Leur ombre l'y poursuit : il pense quelquefois
Entendre autour de lui leur gémissante voix :
Mais les flots d'un vin pur et le sang des victimes
Achève d'effacer la trace de ces crimes.
Il règne, et l'équité préside à ses projets :
Son sceptre est moins pesant, chéri par ses sujets.

Cependant quelquefois, loin d'un monde profane,
Il revient en secret visiter sa cabane,
Revient s'asseoir encore au pied de ses ormeaux,
De ses augustes mains émonde leurs rameaux ;
Et s'occupant en roi, se délassant en sage,
D'un bonheur qu'il n'a plus adore encor l'image [6].

FIN DU POÈME DES JARDINS.

NOTES
DU CHANT I.

¹ Dont le charme autrefois avait tenté Virgile.

Le lecteur ne me saura peut-être pas mauvais gré de rapporter ici l'esquisse rapide que Virgile a tracée des jardins, qu'il regrette de ne pouvoir chanter.

> Si mon vaisseau, long-temps égaré loin du bord,
> Ne se hâtait enfin de regagner le port,
> Peut-être je peindrais les lieux chéris de Flore;
> Le narcisse en mes vers s'empresserait d'éclore :
> Les roses m'ouvriraient leurs calices brillans,
> Le tortueux concombre arrondirait ses flancs ;
> Du persil toujours vert, des pâles chicorées,
> Ma muse abreuverait les tiges altérées;
> Je courberais le lierre et l'acanthe en berceaux,
> Et du myrte amoureux j'ombragerais les eaux.

On voit que cette composition de jardin est très simple et très naturelle. On y trouve mêlés l'utile et l'agréable ; c'est à la fois le verger, le potager et le parterre : mais c'est là le jardin d'un habitant ordinaire des champs, tel qu'un sage, avec des goûts simples, voudrait l'orner, le cultiver lui-même ; tel que l'aimable poète qui le décrit eût aimé à l'embellir. Il n'a pas prétendu parler des fameux jardins que le luxe des vainqueurs du monde, des Lucullus, des Crassus, des Pompée et des César, avait remplis des richesses de l'Asie, et des dépouilles de l'univers.

² Du simple Alcinoüs le luxe encor rustique
   Décorait un verger...

C'est un monument précieux de l'antiquité et de l'histoire des jardins que la description que fait Homère de celui d'Alcinoüs. On voit qu'elle tient de près à la naissance de l'art ; que tout son luxe consiste dans l'ordre et la symétrie, dans la richesse du sol, et dans la fertilité des arbres, dans les deux fontaines dont il est orné : et tous ceux qui voudraient un jardin pour en jouir, et non pour le montrer, n'en demanderaient pas d'autre.

3 D'un art plus magnifique
Babylone éleva des jardins dans les airs.

Ces jardins suspendus existaient encore en partie seize siècles après leur création, et firent l'étonnement d'Alexandre à son entrée dans Babylone.

4 Quand Rome au monde entier eut envoyé des fers,
Les vainqueurs, dans des parcs ornés par la victoire,
Allaient calmer leur foudre et reposer leur gloire.

Il existe un monument très précieux du goût et de la forme des jardins romains dans une lettre de Pline le jeune : on y voit qu'on connaissait déjà l'art de tailler les arbres, et de leur donner différentes figures de vases ou d'animaux ; que l'architecture et le luxe des édifices étaient un des principaux ornemens de leurs parcs ; mais que tous avaient un objet d'utilité ; ce qu'on a trop oublié dans les jardins modernes. J'emprunte la traduction de M. de Sacy pour mettre ce morceau sous les yeux du lecteur :

« La maison, quoique bâtie au bas de la colline, a la
« même vue que si elle était placée au sommet. Cette col-
« line s'élève par une pente si douce que l'on s'aperçoit
« que l'on est monté sans avoir senti que l'on montait.
« Derrière la maison est l'Apennin, mais assez éloigné.
« Dans les jours les plus calmes et les plus sereins elle
« en reçoit des haleines de vent qui n'ont plus rien de
« violent et d'impétueux, pour avoir perdu toute leur
« force en chemin. Son exposition est presque entièrement
« au midi, et semble inviter le soleil, en été vers le mi-

« lieu du jour, en hiver un peu plus tôt, à venir dans
« une galerie fort large, et longue à proportion. La mai-
« son est composée de plusieurs pavillons. L'entrée est à
« la manière des anciens. Au-devant de la galerie on voit
« un parterre dont les différentes figures sont tracées avec
« du buis. Ensuite est un lit de gazon peu élevé, autour
« duquel le buis représente plusieurs animaux qui se re-
« gardent. Plus bas est une pièce toute couverte d'acan-
« thes, si doux et si tendres sous les pieds, qu'on ne les
« sent presque pas. Cette pièce est enfermée dans une pro-
« menade environnée d'arbres, qui, pressés les uns con-
« tre les autres, et diversement taillés, forment une pa-
« lissade. Auprès est une allée tournante en forme de
« cirque, au dedans de laquelle on trouve du buis taillé
« de différentes façons, et des arbres que l'on a soin de
« tenir bas. Tout cela est fermé de murailles sèches, qu'un
« buis étagé couvre et cache à la vue. De l'autre côté est
« une prairie, qui ne plaît guère moins par ses beautés
« naturelles, que toutes les choses dont je viens de parler
« par les beautés qu'elles empruntent de l'art. Ensuite
« sont des pièces brutes, des prairies et des arbrisseaux.
« Au bout de la galerie est une salle à manger, dont la
« porte donne sur l'extrémité du parterre, et les fenêtres
« sur les prairies et sur une grande partie des pièces bru-
« tes. Par ces fenêtres on voit de côté le parterre, et ce
« qui de la maison même s'avance en saillie, avec le haut
« des arbres du manége. De l'un des côtés de la galerie
« et vers le milieu on entre dans un appartement qui en-
« vironne une petite cour ombragée de quatre planes, au
« milieu desquels est un bassin de marbre, d'où l'eau
« qui se dérobe entretient, par un doux épanchement,
« la fraîcheur des planes et des plantes qui sont au-des-
« sous. Dans cet appartement est une chambre à coucher ;
« la voix, le bruit, ni le jour, n'y pénètrent point : elle
« est accompagnée d'une salle où l'on mange d'ordinaire,
« et quand on veut être en particulier avec ses amis. Une
« autre galerie donne sur cette petite cour, et a toutes les
« mêmes vues que la galerie que je viens de décrire. Il y

« a encore une chambre qui, pour être proche de l'un des
» planes, jouit toujours de la verdure et de l'ombre : elle
« est revêtue de marbre tout autour, à hauteur d'appui ;
« et, au défaut du marbre, est une peinture qui repré-
« sente des feuillages et des oiseaux sur des branches,
« mais si délicatement, qu'elle ne cède point à la beauté
« du marbre même. Au-dessous est une petite fontaine
« qui tombe dans un bassin, d'où l'eau, en s'écoulant
« par plusieurs petits tuyaux, forme un agréable mur-
« mure. D'un coin de la galerie on passe dans une grande
« chambre qui est vis-à-vis la salle à manger ; elle a ses
« fenêtres d'un côté sur le parterre, de l'autre sur la prai-
« rie : et immédiatement au-dessous de ces fenêtres est
« une pièce d'eau qui réjouit également les yeux et les
« oreilles ; car l'eau, en y tombant de haut dans un grand
« bassin de marbre, paraît tout écumante, et forme je ne
« sais quel bruit qui fait plaisir. Cette chambre est fort
« chaude en hiver, parce que le soleil y donne de toutes
« parts. Tout auprès est un poêle qui supplée à la cha-
« leur du soleil quand les nuages le cachent. De l'autre
« côté est une salle où l'on se déshabille pour prendre le
« bain ; elle est grande et fort gaie. Près de là on trouve
« la salle du bain d'eau froide, où est une baignoire très
« spacieuse et assez sombre. Si vous voulez vous baigner
« plus au large et plus chaudement, il y a dans la cour
« un bain ; et tout auprès un puits, d'où l'on peut avoir
« de l'eau froide quand la chaleur incommode. A côté de
« la salle du bain froid est celle du bain tiède, que le
« soleil échauffe beaucoup, mais moins que celle du bain
« chaud, parce que celle-ci sort en saillie. On descend
« dans cette dernière salle par trois escaliers, dont deux
« sont exposés au grand soleil ; le troisième en est plus
« éloigné, et n'est pourtant pas plus obscur. Au-dessus
« de la chambre où l'on quitte ses habits pour le bain, est
« un jeu de paume, où l'on peut prendre différentes sortes
« d'exercices, et qui pour cela est partagé en plusieurs
« réduits. Non loin du bain est un escalier qui conduit
« dans une galerie fermée, et auparavant dans trois appartemens

» partements, dont l'un voit sur la petite cour ombragée
» ombragée de planes, l'autre sur la prairie, le troisième
» sur des vignes ; en sorte que son exposition est aussi
» différente que ses vues. A l'extrémité de la galerie fer-
» mée est une chambre prise dans la galerie même, et qui
» regarde le manége, les villes, les montagnes. Près de
» cette chambre en est une autre fort exposée au soleil,
» surtout pendant l'hiver. De là on entre dans un appar-
» tement qui joint le manége à la maison. Voilà la façade
» et son aspect. A l'un des côtés, qui regarde le midi,
» s'élève une galerie fermée, d'où l'on ne voit pas seule-
» ment les vignes, mais d'où l'on croit les toucher. Au
» milieu de cette galerie on trouve une salle à manger,
» où les vents qui viennent de l'Apennin répandent un air
» fort sain. Elle a vue par de très grandes fenêtres sur les
» vignes, et encore sur les mêmes vignes par deux portes
» à deux battans, d'où l'œil traverse la galerie. Du côté
» où cette salle n'a point de fenêtres est un escalier dé-
» robé, par où l'on sert à manger. A l'extrémité est une
» chambre, à qui la galerie ne fait pas un aspect moins
» agréable que les vignes. Au-dessous est une galerie
» presque souterraine, et si fraîche en été, que, contente
» de l'air qu'elle renferme, elle n'en donne et n'en re-
» çoit point d'autre. Après ces deux galeries fermées est
» une salle à manger, suivie d'une galerie ouverte, froide
» avant midi, plus chaude quand le jour s'avance. Elle
» conduit à deux appartemens : l'un est composé de qua-
» tre chambres ; l'autre, de trois, qui, selon que le so-
» leil tourne, jouissent ou de ses rayons ou de l'ombre.
» Au-devant de ces bâtimens si bien entendus et si beaux
» est un vaste manége : il est ouvert par le milieu, et
» s'offre d'abord tout entier à la vue de ceux qui entrent ;
» il est entouré de planes, et ces planes sont revêtus de
» lierre. Ainsi le haut de ces arbres est vert de son pro-
» pre feuillage, et le bas est vert d'un feuillage étran-
» ger. Ce lierre court autour du tronc et des branches,
» et passant d'un plane à l'autre, les lie ensemble. Entre
» ces planes sont des buis, et ces buis sont par dehors

Les Jardins.

» environnés de lauriers, qui mêlent leur ombrage à ce-
» lui des planes. L'allée du manége est droite; mais à
» son extrémité elle change de figure, et se termine en
» demi-cercle. Ce manége est entouré et couvert de cyprès
» qui en rendent l'ombre et plus épaisse et plus noire.
» Les allées en rond qui sont au dedans (car il y en a
» plusieurs les unes dans les autres) reçoivent un jour très
» pur et très clair. Les roses s'y offrent partout, et un
» agréable soleil y corrige la trop grande fraîcheur de
» l'ombre. Au sortir de ces allées rondes et redoublées,
» on rentre dans l'allée droite, qui des deux côtés en a
» beaucoup d'autres séparées par des buis. Là, est une
» petite prairie; ici, le buis même est taillé en mille fi-
» gures différentes, quelquefois en lettres qui expriment
» tantôt le nom du maître, tantôt celui de l'ouvrier. En-
» tre les buis vous voyez successivement de petites pyra-
» mides et des pommiers; et cette beauté rustique d'un
» champ, que l'on dirait avoir été tout-à-coup transporté
» dans un endroit si peigné, est rehaussé vers le milieu
» par des planes, que l'on tient fort bas des deux côtés.
» De là vous entrez dans une pièce d'acanthe flexible et
» qui se replie sur lui-même, où l'on voit encore quantité
» de figures et de noms que les plantes expriment. A l'ex-
» trémité est un lit de repos de marbre blanc, couvert
» d'une treille soutenue par quatre colonnes de marbre de
» Cariste. On voit l'eau tomber de dessous ce lit comme
» si le poids de ceux qui se couchent l'en faisait sortir;
» de petits tuyaux la conduisent dans une pierre taillée
» exprès, et de là elle est reçue dans un bassin de mar-
» bre, d'où elle s'écoule si imperceptiblement et si à pro-
» pos, qu'il est toujours plein, et pourtant ne déborde
» jamais. Quand on veut manger en ce lieu, on range
» les mets les plus solides sur les bords de ce bassin, et
» on met les plus légers dans des vases qui flottent sur
» l'eau tout autour de vous, et qui sont faits les uns en
» navires, les autres en oiseaux. En face du bassin est
» une fontaine jaillissante, qui reçoit dans sa source l'eau
» qu'elle en a jetée; car, après avoir été poussée en haut;

» elle retombe sur elle-même, et par deux ouvertures qui
» se joignent, elle descend et remonte sans cesse. Vis-à-
» vis du lit de repos est une chambre qui lui donne autant
» d'agrémens qu'elle en reçoit de lui : elle est toute bril-
» lante de marbre ; ses portes sont entourées et comme
» bordées de verdure. Au-dessus et au-dessous des fenê-
» tres hautes et basses on ne voit aussi que verdure de
» toutes parts. Auprès est un autre petit appartement qui
» semble s'enfoncer dans la même chambre, et qui en est
» pourtant séparé. On y trouve un lit ; et, quoique cet
» appartement soit percé de fenêtres partout, l'ombrage
» qui l'environne le rend sombre ; une agréable vigne
» l'embrasse de ses feuillages, et monte jusqu'au faîte : à
» la pluie près, que vous n'y sentez point, vous croyez
» être couché dans un bois. On y trouve aussi une fon-
» taine qui se perd dans le lieu même de sa source. En
» différens endroits sont placés des siéges de marbre,
» propres, ainsi que la chambre, à délasser de la prome-
» nade. Près de ces siéges sont de petites fontaines ; et
» par tout le manége vous entendez le doux murmure des
» ruisseaux qui, dociles à la main de l'ouvrier, se laissent
» conduire par de petits canaux où il lui plaît. Ainsi on
» arrose tantôt certaines plantes, tantôt d'autres ; quel-
» quefois on les arrose toutes. J'aurais fini il y aurait
» long-temps, de peur de paraître entrer dans nn trop
» grand détail ; mais j'avais résolu de visiter tous les coins
» et recoins de ma maison avec vous. Je me suis imaginé
» que ce qui ne vous serait pas ennuyeux à voir, ne vous
» le serait pas à lire. »

5 PHILIPPE m'encourage, et mon sujet m'appelle.

Philippe. Monseigneur le comte d'Artois, frère du Roi, porte les noms de CHARLES-PHILIPPE.

6 Beloeil, tout à la fois magnifique et champêtre.

Beloeil était un jardin magnifique de M. le prince de Ligne, situé près d'Ath, dans les Pays-Bas.

7   Tel que ce frais bouton,
Timide avant-coureur de la belle saison,
L'aimable Tivoli d'une forme nouvelle
Fit le premier en France entrevoir le modèle.

Le local de *Tivoli* se refusait aux grands effets pittoresques ; mais M. Boutin a eu en effet le mérite d'en tirer le meilleur parti possible, et surtout d'avoir le premier essayé avec succès le genre irrégulier.

8 Les Grâces, en riant, dessinèrent Montreuil.

Montreuil, près Versailles, appartient à madame Élisabeth, sœur du Roi. Auprès de ce jardin, et sous le même nom, est celui de madame la comtesse Diane de Polignac, dame d'honneur de cette princesse.

9 Maupertuis, le Désert, Rincy, Limours.

Maupertuis. Ce jardin, connu sous le nom de l'*Élysée*, appartient à M. le marquis de Montesquiou. Si de belles eaux ; de superbes plantations, un mélange heureux de collines et de vallons, font un beau lieu, l'Élysée est digne de son aimable nom.

Le Désert. Ce jardin a été dessiné avec beaucoup de goût par M. de Monville.

Rincy. Ce beau jardin appartient à monseigneur le duc d'Orléans.

Limours. Ce lieu, naturellement sauvage, a été très embelli par madame la comtesse de Brionne, et a perdu un peu de sa rudesse, sans perdre son caractère.

10 Semblable à son auguste et jeune déité,
Trianon joint la grâce avec la majesté.

Le petit Trianon, jardin de la reine, est un modèle de ce genre. La richesse y paraît avoir été toujours employée par le goût.

11 Et toi, d'un prince aimable ô l'asile fidèle,
Dont le nom trop modeste est indigne de toi !

Il s'agit du joli jardin de *Bagatelle*, qui a été composé

avec beaucoup de goût pour monseigneur le comte d'Artois, et qui a l'avantage de se trouver placé au milieu d'un bois charmant qui semble en faire partie. Le pavillon est d'une élégance rare *.

12 Et la belle Arcadie a mérité son nom.

Lorsque Delille annonça sa dernière édition de ce poëme, tout le monde voulut avoir une place dans ses vers, et il lui vint de toutes parts des renseignemens sur les plus beaux jardins de l'Europe. Parmi les personnes qui cherchèrent ainsi à faire passer à la postérité l'objet de leur goût et de leur affection, on doit remarquer la princesse Czartorinska, la même qui lui avait demandé avec tant de grâce, en 1784, une inscription pour ses beaux jardins de Pulhavi ou *Pulhavie*. Cette dame, aussi distinguée par son esprit que par sa haute naissance, lui adressa à Londres, en 1799, une lettre qui, malgré le désir de la princesse et celui du poète, ne put être imprimée à cette époque. Nous croyons d'autant plus indispensable de la joindre à cette nouvelle édition, qu'il est évident qu'elle a contribué à inspirer le poète, et que l'on peut encore la lire avec beaucoup de plaisir après les vers auxquels elle a donné lieu.

« Monsieur, la princesse Radzivil, transportée par le bonheur de voir l'Arcadie dans votre poème, a employé un temps considérable à la description de ce lieu chéri, dont jamais elle n'était contente. A la fin, elle me l'a envoyée; j'ai cru devoir l'abréger, et j'en ai supprimé beaucoup de petits détails. Je me hâte de vous l'adresser. S'il n'est plus temps, peut-être trouvera-t-elle place dans les notes. Ce sera une consolation pour elle. »

* *Je n'ai pu nommer tous les jardins agréables qui ont été faits depuis quelques années. Il en est plusieurs qui auraient mérité de l'être ; et de ce nombre sont :* LA FALAISE, MORFONTAINE, ROISSY, LA MALMAISON, *agréable par la beauté de ses bois, de ses eaux, de ses vues et de sa situation.*

DESCRIPTION DE L'ARCADIE.

« L'Arcadie est un fragment des beautés de la Grèce, dans lequel on trouve des traces du culte et des usages de l'antiquité, conservé par les arts, embelli par la nature. Une fontaine en fait l'entrée : les arbres fruitiers qui l'ombragent rappellent celle de Palémon, dont la bienfaisance rafraîchissait les voyageurs dans leurs courses pénibles. Deux cabanes charmantes sont près de là ; l'inscription de la fontaine,

On ne jouit d'un bien qu'autant qu'on le partage.

annonce l'hospitalité. Des milliers de fleurs, qui bordent le sentier par lequel on sort de ce lieu paisible, offrent, par leur éclat et leur parfum, un tribut pour celui qui veut offrir un hommage à un sentiment quelconque, dans une île presque impénétrable par la hauteur et la quantité d'arbres qui la couvrent. Sous leur ombre sont placés, à des distances assez considérables, les autels de l'Amour, de l'Amitié, de l'Espérance, de la Reconnaissance, et des Souvenirs. Il y en a un consacré aux poètes qui savent si bien exprimer ce que nous ne pouvons que sentir. Pour passer dans l'île, il y a un petit bateau que l'on fait aller soi-même. Il ne peut contenir que deux ou trois personnes. Il est attaché d'un côté par une ancre accrochée à une pierre immense consacrée à l'Espérance, de l'autre à un anneau que tient un sphinx en marbre : c'est l'emblème du mystère. En repassant, on revient à un sentier obscur qui mène à une grotte par laquelle on va grimpant de pierre en pierre jusqu'à un réduit gothique, asile de la Mélancolie. On en sort par des arcades qui disputent avec les arbres de hauteur et d'ancienneté. Ce chemin mène à un arc hardi d'une grande proportion dans le style grec, que les révolutions ni les plantes parasites qui le couvrent n'ont pu détruire. Cet arc fait, pour ainsi dire, le cadre d'un immense tableau ; des bosquets toujours fleuris, au milieu desquels on voit le temple. De ce côté, il présente six colonnes d'ordre ionique. La frise porte l'inscription imitée de *Mihi me reddentis agelli*.... d'Horace, rendue en italien : *M'involt altrui per ritrovar me stessa*. Le calme du bonheur que cela annonce est en partie rempli par le silence et la tranquillité de ce paysage. On parvient en jouissant de cette harmonie de la nature aux portes du temple. Il est magnifique, et presque au-dessus de toute description. La porte est en bois des Indes, la clef en acier poli, enrichie de diamans. Le vestibule est rond ; un amour dans une niche l'éclaire de son flambeau. Plus loin, un musée en peinture de tout ce qu'il y a de plus beau en camées, vases étrusques, lampes, fragmens d'inscriptions et de bas-reliefs, occupe le voyageur curieux. Tous les meubles y sont antiques, ou faits d'après l'antique. En sortant de là on passe par un couloir, à côté de la statue du Silence, pour entrer dans le sanctuaire C'est une rotonde magnifique, dont l'aspect est imposant. L'ensemble transporte l'imagination aux temps des oracles. Les murs sont de marbre blanc, les colonnes de *giallo antico*. Des statues de vestales portent des vases d'albâtre qui semblent être encore destinés au feu sacré. Sur un autel antique, entouré de caisses magnifiques contenant des orangers, des myrtes, des jasmins, reposent des milliers d'offrandes, répandues aussi sur les gradins, que les curieux, les amis, les voyageurs y ont déposées. Il y en a de tous les genres. Une grande partie sont des vases, des cassolettes, des trépieds, etc... Derrière l'autel est une glace immense d'une seule pièce, dans laquelle, en s'en approchant, on aperçoit l'Amour tapi pour surprendre ceux qui viennent y faire des sacrifices. Cet Amour est peint par madame Lebrun. La coupole est peinte par un Français, nommé Norbelin, très habile dans son art. On y voit l'Aurore conduisant les chevaux du Soleil. Un orgue magnifique dans un cabinet attenant ajoute à la magie du lieu. En sortant de l'autre côté du temple, la vue plonge sur un lac animé par une rivière qui y grave son cours, portant l'écume d'une chûte qui tombe au travers des restes d'un ancien aqueduc. Le rideau d'un bois épais et sombre termine cette scène arcadienne, et sert de fond au tableau, qui rappelle les Claude Lorrain, quelquefois les Berghem, quand le bétail y revient lentement au coucher du soleil. Mais qui mieux que le chantre des jardins, dont la nature est la palette, le génie les pinceaux, et les vers la fraîcheur même, peut en rendre les effets? En s'éloignant on passe sur les débris de l'aqueduc pour aller sur l'autre rive, d'où l'on voit l'autre façade du temple au travers de la fumée des cassolettes qui ornent le quai et les marches. Elle monte depuis l'eau jusqu'au haut du portique, qui est de quatre colonnes, avec un fronton, sur lequel est l'inscription suivante: *Dove pace trovai d'ogni mia guerra*. On parcourt des collines, des bosquets jusqu'à une enceinte de grands arbres, où l'on trouve une tente. A côté de la tente sont suspendus le bouclier et la lance d'un ancien chevalier avec sa devise. Plus loin on découvre un salon de cristal, dont les panneaux, enchâssés dans le bronze et le bois de Mahony, sont d'une grandeur imaginable. A travers chaque panneau on découvre les plus belles vues de l'Arcadie. Tous les ornemens en cristaux et les meubles en schals des Indes rappellent dans ce beau cabinet les féeries des Mille et une Nuits. De là, en poursuivant des sentiers variés, on arrive à un lieu consacré au Dieu Pan. Sa statue, adossée dans une niche, est entourée de tous les attributs du dieu des bergers. A côté de la niche est une petite porte en pierre, par laquelle on entre dans un verger précédé d'un tapis de fleurs, entouré d'un mur fait tout entier de débris de divers bâtimens, comme chapiteaux, frises, fragmens, morceaux tous rapportés, et mêlés de mousses et de plantes rampantes. Sous les arbres de ce verger sont placées des ruches, et l'on peut dire que ce beau lieu,

De ses parfums divers embarrassait l'abeille.

Ce verger fait face à une ruine. Il semble que les bergers de l'Arcadie en ont dérangé l'architecture pour y établir leurs rustiques travaux. Ces belles ruines, ornées de quelques colonnes, bas-reliefs, renferment à présent des moutons, dont les clochettes et le bêlement retentissent dans les voûtes où jadis peut-être ils servirent de victimes. Quelques sarcophages, des urnes, des cuves de marbre précieux, à présent à l'usage des propriétaires, servent d'abreuvoirs, de sièges, et sont en partie recouverts de vignes, de clématites, dont les festons s'étendent jusqu'à deux rangs de colonnes qui aboutissent à la grande porte d'entrée, par laquelle on découvre un ancien château situé à une demi-lieue de l'Arcadie. En suivant le cours de la rivière à droite, on arrive à une île de peupliers qui ombragent un monument de marbre noir, dans lequel on voit une figure de femme en marbre blanc, dans l'attitude du repos, copiée d'après la sainte Cécile du Bernin. L'inscription si connue, *Et moi aussi j'ai vécu en Arcadie*, est changée ici; et on lit : *J'ai fait l'Arcadie, et j'y repose*. La belle, l'intéressante princesse Radzivil, brillante encore de jeunesse et de fraîcheur, a fait cet asile pour y reposer un jour. De l'autre côté de l'île s'élève une colline, sur laquelle pose une chapelle de marbre noir. Sa belle architecture, les tableaux qui la décorent en dedans, des inscriptions, tout se réunit pour plonger l'âme dans de profondes réflexions. Cette chapelle est consacrée à une fille charmante et tendrement chérie que la princesse Radzivil a perdue. Il est impossible de ne pas être touché en y entrant, bien que cette mère, si intéressante dans sa douleur, ait rassemblé dans les tableaux de la chapelle tout ce qui peut consoler une âme profondément atteinte, par l'idée de l'immortalité et d'un Dieu bienfaisant. En sortant de là on revient par un autre chemin à la chute d'eau, dont le murmure endort les peines présentes dans les songes de l'avenir. »

DESCRIPTION DE PULHAVIE.

« Avant de détailler Pulhavie, je tracerai le local et la situation. Pulhavie est situé dans le palatinat de Lublin, sur une colline qui se prolonge le long de la Vistule. Le château est au sommet. Une partie des jardins se trouve de niveau avec le château, une autre sur la pente, le reste touche la rivière. Au levant et au nord est un bois de chênes, de tilleuls, de sapins. Ce bois, percé en allées, est d'une vaste étendue, et réunit plusieurs grandes routes. Au midi, on voit des montagnes dont quelques unes sont brisées ; d'autres sont couronnées par des châteaux anciens, dont les ruines sont très pittoresques. Le principal est celui de Casimir. Il a été bâti en 1326 par Casimir-le-Grand, un de nos meilleurs rois. Du midi au couchant coule la Vistule dans une très-grande largeur. Au bas du jardin, elle forme une île très considérable ; plus loin, elle se prolonge dans toute son étendue. La rive opposée est garnie d'arbres immenses, de villages situés sur une rive pareillement un peu montueuse. Vis-à-vis de Pulhavie est bâtie une maison de campagne, à laquelle le propriétaire a donné l'extérieur du temple de Vesta, très bien exécuté ; elle est ombragée par d'immenses chênes et quelques peupliers, et fait, pour mon jardin, un point de vue charmant. Telle est la situation de Pulhavie ; en voici les détails. La principale beauté de Pulhavie, ce sont les arbres ; par leur ancienneté, leur grandeur, leur beauté et leur nombre ; ils sont véritablement à citer. Une autre parure que la nature y a placée, c'est un fleuve superbe, toujours couvert de bâtiments de transport, de bateaux et de barques. Les jardins d'en haut, qui sont de niveau avec le château, sont arrangés nouvellement dans le genre anglais. Les vieux arbres plantés par nos aïeux en forment le fond. Les bosquets sont variés par tout ce qui se soutient dans nos climats. Les gazons sont de la plus grande beauté. A gauche, vous voyez au milieu des bosquets une pelouse sur laquelle s'élèvent deux bouleaux immenses, dont les branches flexibles retombent depuis le sommet jusque sur le gazon. Ce genre de bouleau est comme le saule pleureur, et se dessine encore mieux. Les deux dont je parle couvrent de leur ombre un monument en pierre de taille très-simple, avec cette inscription : *Monument des anciennes amitiés.* Sur les côtés on a gravé

les noms de quelques personnes qui, depuis plus de vingt
ans font notre petite société, et embellissent ma vie par
l'intérêt le plus touchant et les soins les plus tendres. En
suivant des routes du même côté on découvre une orangerie
en colonnade, dont la façade fait un point de vue charmant.
Cette orangerie contient les plus belles plantes et les plus
rares. Sur un des angles de la colonnade on a gravé ce vers
de Virgile :

Hic omnes arbusta juvant humilesque myricæ.

Du même côté, on parvient à l'ancienne limite du jardin.
C'est un chemin creux pratiqué dans un ravin, qui est en
même temps une grande route de poste très fréquentée.
On a jeté un pont de pierre par-dessus, et le jardin conti-
nue de l'autre côté. A droite on voit le grand chemin qui
passe sous des peupliers immenses ; à gauche, les champs
et les bois ; la vue se prolonge dans toute l'étendue d'un
pays très varié, et le jardin, à l'aide de ce que les Anglais appellent *déception*, semble n'avoir pas de bornes.
En tournant de là sur la droite, vous longez une partie
du jardin, qui est très agreste ; des ravins, des prairies
naturelles et des touffes de très beaux arbres ; ensuite un
petit bois qui couvre la pente sur un des ravins, un pont
de pierre dans le genre gothique vous mène sur un bord
escarpé au-dessus d'un bras de la Vistule. Sur ce bord s'é-
lève un temple tout entier en pierre de taille, fait sur le
modèle exact et sur les mêmes mesures absolument que
celui de la Sybille à Tivoli. La seule différence, c'est qu'il
n'est point en ruines, mais absolument achevé. Comme
je n'aime point les bâtimens quelconques, quand ils n'offrent, en y arrivant, aucun but, j'ai rassemblé dans ce
petit temple des collections de plusieurs genres que j'ai
faites depuis bien des années. Ce sont principalement des
souvenirs de personnes célèbres et d'évènemens qui ont le
droit d'intéresser : des portraits, bagues, chaînes, coupes,
armures, meubles, lettres, livres, manuscrits, vases,
médailles, etc.... Un côté est consacré à ma patrie, l'autre
rassemble des souvenirs de la France, de l'Angleterre,

et d'autres pays. Je me plais à voir réunis dans cet espace bien peu étendu des objets qui, dans leur origine, n'étaient pas faits pour être ensemble : le masque de Cromwell à côté de celui de Henri IV ; une chaîne de Marie Stuart à côté des *Heures* de Marie-Antoinette ; la chaise de Shakespeare à côté de celle de J.-J Rousseau ; le cornet à poudre de Henri VIII à côté de l'épée de Charles XII ; un vase de coraux, qui a appartenu à Laurent de Médicis, à côté des lettres originales de madame de Sévigné. Je ne finirais pas si je voulais nommer et détailler ce que produisent quelquefois les déplacemens momentanés de toutes mes richesses dans ce genre ; mais je dois ajouter ici que mes larmes coulent souvent quand je passe du côté où je retrouve les souvenirs de ma patrie, de ce pays si cher à mon cœur, où je vécus depuis mon enfance, où je fus heureuse fille, heureuse femme, bien heureuse mère, heureuse amie. Ce pays n'existe plus ; il est arrosé de sang, et bientôt le nom même en sera effacé. En sortant du temple et en continuant à marcher vers le côté gauche, vous arrivez à une petite pelouse entourée de colline très brisées. Sur le penchant d'une de ces collines j'ai élevé un monument de marbre blanc, que j'ai consacré à mon beau-père et à ma belle-mère, en reconnaissance du bonheur dont je jouis par la possession de Pulhavie, dont en partie les beaux arbres sont plantés par eux. Ce monument a été fait, à Rome, sur les proportions et sur l'exact modèle du tombeau des Scipions. Il est très grand, d'un beau style, et d'un très beau marbre. En longeant la côte, un sentier charmant mène à un ravin profond. On le passe sur un pont qui aboutit à une petite porte en pierre. En l'ouvrant, la transition est frappante, cette porte donnant sur un gazon superbe et très soigné, et sur une multitude d'arbustes et de fleurs. Ce sont les possessions de ma fille, la princesse de Wurtemberg, qui demeure toujours avec nous. Marie est son nom ; ce gazon et ces fleurs offrent son image. Une âme céleste, un caractère angélique, une figure charmante, des talens, des vertus, et bien des malheurs, voilà son histoire. En suivant une route embaumée entre ces bosquets fleuris, on parvient à un pavillon d'ordre corinthien, le plus joli du monde. C'est là qu'elle demeure ; c'est là qu'elle fait mon bonheur et celui de tout ce qui l'entoure. Sur le frontispice de sa maison, elle a gravé ce vers d'Horace :

> Ille terrarum mihi præter omnes
> Angulus ridet.

Cet endroit, d'après le nom de Marie, est appelé Marynki ; le bras de la rivière sépare Marynki avec l'île ; un pont y conduit. Cette île est un des beaux endroits de Pulhavie. L'extrême fraîcheur des gazons, où de très belles vaches paissent en liberté, des arbres immenses et d'un genre propre au pays, en font un ensemble ravissant. Ces arbres sont des peupliers qui ne viennent que sur les bords de la Vistule, et qui parviennent à une hauteur prodigieuse, leurs troncs surtout sont très remarquables. En devenant vieux, ils se couvrent de nœuds, qui se placent comme des cercles autour du tronc, régulièrement de distance en distance ; ces nœuds se couvrent de petites feuilles, et forment comme des couronnes qui enlacent ces arbres magnifiques, lesquels en vieillissant deviennent immenses. Leurs troncs alors semblent porter non des branches, mais d'autres arbres. Il y a environ deux cents peupliers de cette espèce sur l'île ; sous leur ombre, j'ai placé des étables, des laiteries, et quelques cabanes. Plus loin, on repasse par un autre pont pour rentrer au jardin ; on se trouve alors dans un sentier qui conduit le long d'une suite de roches d'un assez beau genre, où l'on peut remarquer de belles grottes à deux étages, d'une vaste étendue et d'une belle qualité. Les grottes sont anciennes ; mais je me suis plu à les perfectionner. Il y en a une dont la base est baignée par la rivière ; une autre dont la forme cintrée ressemble à une chapelle. J'y ai gravé sur un bloc ces deux vers de Racine :

> L'Eternel est son nom....

En passant par une des grottes, on se trouve dans un endroit fort solitaire. Là, s'offrent à la vue deux vieux peupliers presque renversés, mais garnis de leurs feuilles. Au-dessus de leurs rameaux est une pierre immense consacrée au passé. Je n'ai vu personne qui ne s'arrêtât avec intérêt auprès de ce monument. Chacun y retrouve un souvenir; et et chacun dans le passé se rappelle ou son bonheur ou ses peines. Au travers des rameaux des branches des deux peupliers et au-dessus du monument du passé, on aperçoit une saillie dans le rocher, que l'on remarque, quoique enfoncée en arrière. Cette pointe de rocher est à un ami bien cher que j'aimais tendrement, et que j'ai perdu. Le long des rochers est une cabane de pêcheurs, quelques vieilles voûtes très pittoresques, un escalier taillé dans le roc; cet endroit est entremêlé de plantes et d'arbustes. De là on passe dans la partie du jardin qui touche à la Vistule même. C'est là que s'élèvent les plus beaux arbres, dont l'immense hauteur atteste l'ancienneté. Des chênes, des ifs, des peupliers, y forment une continuité de berceaux, où l'on se promène à l'ombre à toute heure. Par-dessus on découvre le fleuve dans toute sa majesté. Le soir d'un beau jour d'été, la rivière vers le couchant est pourpre; et du côté de l'île, dans le temps où la lune se lève de bonne heure, à la même époque du jour, elle est argentée. Ce coup d'œil est unique dans son genre. A l'extrémité du jardin, de ce côté-là, on voit environ quarante marroniers de la plus grande hauteur et de la plus vaste étendue. Au milieu de ce bosquet de marroniers sont disposés six grands jets d'eau qui s'élèvent au-dessus des arbres, et retombent entre les branches. Je ne vous fatiguerai pas d'une plus longue description. J'ajouterai seulement qu'au-delà des marroniers on se trouve dans un joli hameau, où un ruisseau charmant coule sur un lit de cailloux entre des arbres superbes. C'est là qu'est placée une pierre immense consacrée à l'auteur du poème *des Jardins*. Un peuplier la couvre, un ruisseau l'arrose; une prairie qui borde d'un côté le ruisseau sert de salle de jeux et de bal tous les dimanches à une troupe d'enfans et de jeunes personnes. C'est ma manière de vous rappeler à tout ce qui m'entoure. A Marynki, chez ma fille, il y a une source d'eau vive ombragée d'acacias et de cytises A côté de la fontaine, un bas-relief vous est consacré, avec cette inscription : *Il aima la campagne, et sut la faire aimer.* Je finirai ces détails en vous parlant d'un petit jardin séparé qui tient à mon appartement. Il est entouré d'une haie vive, et ne contient que des fleurs les plus rares, et en quantité. Un seul bouquet d'arbres y est planté de ma main. Ce sont quelques peupliers d'Italie, quelques acacias et des lilas. Au milieu on voit un autel en marbre blanc ; au bas j'ai gravé ces mots : *A l'Être suprême, pour mes enfans.* Voilà le lieu où j'habite avec mes enfans, mon mari, et mes amis ; voilà le lieu où vos ouvrages charmans sont lus, relus, admirés ; voilà le lieu qui peut-être, dans le cours d'une révolution nouvelle, sera anéanti comme tant d'autres, et dont je désire que le nom et le souvenir passent à la postérité dans vos vers : c'est une manière de reconnaissance pour ce Pulhavie, où je vis heureuse, que de lui donner un brevet pour l'immortalité. Sans décrire tous les détails de cet endroit, j'ai cependant donné une grande étendue à ma description ; mais ne me faites pas le tort de croire que je veuille que vous parliez de tout ce qui s'y trouve. J'ai mis sous vos yeux ce qu'il y a de plus marquant, et vous choisirez ce qui vous paraîtra plus intéressant. Je ne dois pas oublier encore un objet qui n'est point exécuté jusqu'à ce moment, mais qui le sera dans peu. Depuis que je voyage, j'ai toujours eu le goût des souvenirs des choses intéressantes dans le passé. Entre beaucoup d'autres collections, j'ai ramassé une quantité de fragmens d'anciens bâtimens de tout les pays de la terre. J'ai des pierres de Constantinople, des bas-reliefs de Rome, une pierre du Capitole, vingt briques de la Bastille, que j'ai emportés moi-même. J'ai un morceau d'une frise du château de Marie d'Écosse, un fragment d'un ancien temple des Druides, que j'ai trouvé en Écosse. Enfin j'ai une multitude de pierres intéressantes, avec des inscriptions, sculptures, et autres. Je vais faire une petite maison gothique où toutes ces pierres seront inscrites avec des marques pour les reconnaître. Cette maison sera la demeure de celui à qui sera confiée la garde de tout mon petit muséum. Elle sera placée de manière qu'on ne le verra qu'en entrant dans l'enclos où elle sera située, pour ne pas mêler son coup-d'œil gothique avec la belle architecture du temple. Je ne vous fais pas la description du monument pour mes auteurs favoris ; vous la connaissez déjà. C'est là qu'on vous voit ;

Au-dessus de Gessner, et bien près de Virgile.

« De très violens maux de tête m'ont empêchée d'écrire correctement. Pardonnez ce barbouillage. »

RÉPONSE DE DELILLE.

« Madame,

« J'avais retardé pour vous la réimpression de mon poëme ; je l'aurais cru incomplet, si vos jardins n'y eussent tenu la place qu'ils méritent. On se forme d'avance la figure des grands personnages qu'on se promet de voir ; la même chose m'est arrivé à l'égard de vos jardins. Je m'en étais tracé d'avance l'image la plus avantageuse ; et la peinture que vous en avez faite me prouve que je les avais presque devinés. Il me semble que j'avais déjà vu vos bosquets, vos grottes, vos rochers ; le style enchanteur dont vous les dépeignez est la seule chose dont je n'avais pu me faire une idée. Le choix des inscriptions n'est pas ce qu'il y a de moins heureux dans les ornemens du séjour ravissant dont vous avez bien voulu me tracer une peinture si agréable. Jamais Virgile n'a eu tant d'esprit que dans les applications heureuses que vous faites de ses vers. Mon poète aurait été surpris s'il avait pu prévoir que ses passages seraient tournés en éloges pour son conducteur, qui les a souvent affaiblis. Votre description est elle-même un charmant poëme ; mais malheureusement il me reste peu de place : je serai forcé d'abréger la peinture de quelques autres jardins, pour donner au vôtre sa juste étendue. C'est ainsi que Virgile invitait le scorpion à se replier pour faire place à l'astre de César :

Tibi brachia contrahit ardens
Scorpius , et cœli justa plus parte relinquit.

Vos citations latines , madame , m'autorisent à citer des vers latins. Il ne me reste qu'un regret , c'est de ne pouvoir parcourir qu'en idée des lieux pleins de vous et de Virgile. Je voudrais pouvoir m'y transporter , et changer mon petit monument en autel , où je vous offrirais en échange et vos fleurs et mes vers.

» Je suis donc réduit à choisir dans votre description ce qu'elle offre de plus brillant et de plus pittoresque. Le reste embellira mes notes , et malheureusement le charme de votre prose accusera la faiblesse de mes vers.

» Je ne puis deviner pourquoi vous avez retardé l'envoi des jardins de l'Arcadie ; les peindre sur les lieux, et d'après nature, aurait encore été un de mes ardens désirs , et j'aurais voulu pouvoir dire aussi : *Et ego in Arcadiâ.* »

C'est dans la même correspondance que Delille a puisé sa description du temple de Radzivil qui se trouve au quatrième chant (*Note de l'éditeur.*)

13 Je ne décide point entre Kent et Le Nôtre.

Kent , architecte et dessinateur fameux en Angleterre , fut le premier qui tenta avec succès le genre libre qui commence à se répandre dans toute l'Europe. Les Chinois en sont sans doute les premiers inventeurs. Voici ce que dit de leurs jardins un artiste célèbre d'Angleterre qui avait voyagé à la Chine. Le morceau est curieux , et l'ouvrage dont il est tiré est fort rare.

» Les jardins que j'ai vus à la Chine, dit M. Chambers
» étaient très petits. Leur ordonnance cependant, et ce que
» j'ai pu recueillir des diverses conversations que j'ai eues
» sur ce sujet avec un fameux peintre chinois , nommé Lep-
» qua, m'ont donné , si je ne me trompe , une connaissance
» des idées de ces peuples sur ce sujet.

» La nature est leur modèle, et leur but est de l'imiter
» dans toutes ses belles irrégularités. D'abord ils examinent
» la forme du terrain , s'il est uni ou en pente , s'il y a

» a des collines ou des montagnes, s'il est étendu ou resser-
» ré, sec ou marécageux, s'il abonde en rivières et en sour-
» ces, ou si le manque d'eau s'y fait sentir. Ils font une
» grande attention à ces diverses circonstances, et choisis-
» sent les arrangements qui conviennent le mieux avec la
» nature du terrain, qui exigent le moins de frais, cachent
» ses défauts, et mettent dans le plus beau jour tous ses
» avantages.

» Comme les Chinois n'aiment pas la promenade, on trou-
» ve rarement chez eux les avenues ou les allées spacieuses
» des jardins de l'Europe. Tout le terrain est distribué en
» une variété de scènes ; et des passages tournans ; ouverts
» au milieu des bosquets, vous font arriver aux différens
» points de vue, chacun desquels est indiqué par un siége,
» par un édifice, ou par quelque autre objet.

« La perfection de leurs jardins consiste dans le nombre,
» dans la beauté et dans la diversité de ces scènes. Les
» jardiniers chinois, comme les peintres européens, ramas-
» sent dans la nature les objets les plus agréables, et tâchent
» de les combiner de manière que non seulement ils parais-
» sent séparément avec plus d'éclat, mais même que, par
» leur union, ils forment un tout agréable et frappant.

» Leurs artistes distinguent trois différentes espèces de
» scènes, auxquelles ils donnent les noms de riantes, d'hor-
» ribles, et d'enchantées. Cette dernière dénomination ré-
» pond à ce qu'on nomme scène de roman ; et nos chinois se
» servent de divers artifices pour y exciter la surprise. Quel-
» quefois ils font passer sous terre une rivière, ou un tor-
» rent rapide, qui, par son bruit turbulent, frappe l'o-
» reille, sans comprendre d'où il vient. D'autres fois ils
» disposent les rocs, les bâtiments, et les autres objets qui
» entrent dans la composition, de manière que le vent,
» passant au travers des interstices et des concavités qui sont
» ménagées pour cet effet, forme des sons étranges et sin-
» guliers. Ils mettent dans ces compositions les espèces les
» plus extraordinaires d'arbres, de plantes et de fleurs :
» ils y forment des échos artificiels et compliqués, et y tien-
» nent différentes sortes d'oiseaux et d'animaux monstrueux.

» Les scènes d'horreur présentent des rocs suspendus,
» des cavernes obscures, et d'impétueuses cataractes qui
» se précipitent de tous les côtés du haut des montagnes ;
» les arbres sont difformes et semblent brisés par la violence
» des tempêtes : ici on en voit de renversés qui interceptent
» le cours des torrens, et paraissent avoir été emportés par
» la fureur des eaux ; là il semble que, frappés de la fou-
» dre, ils ont été brûlés et fendus en pièces. Quelques uns
» des édifices sont en ruines ; quelques autres consumés à
» demi par le feu ; quelques chétives cabanes dispersées
» çà et là sur les montagnes, semblent indiquer à la fois
» l'existence et la misère des habitans. A ces scènes il en
» succède communément des riantes. Les artistes chinois
» savent avec quelle force l'âme est affectée par les contras-
» tes ; et ils ne manquent jamais de ménager des transitions
» subites et de frappantes oppositions de formes, de couleurs
» et d'ombres. Aussi, des vues bornées vous font-ils passer
» à des perspectives étendues ; des objets d'horreur à des
» scènes agréables ; et des lacs et des rivières aux plaines,
» aux coteaux et aux bois. Aux couleurs sombres et tristes,
» ils en opposent de brillantes, et des formes simples aux
» compliquées ; distribuant, par un arrangement judicieux,
» les diverses masses d'ombre et de lumière, de telle sorte
» que la composition paraît distincte dans ses parties, et frap-
» pante en son tout.

» Lorsque le terrain est étendu, et qu'on y peut faire en-
» trer une multitude de scènes, chacune est ordinairement ap-
» popriée à un seul point de vue ; mais, lorsque l'espace est
» borné, et qu'il ne permet pas assez de variété, on tâche
» de remédier à ce défaut, en disposant les objets de ma-
» nière qu'ils produisent des représentations différentes,
» suivant les divers points de vue, et souvent l'artifice est
» poussé au point que ces représentations n'ont entre elles
» aucune ressemblance.

» Dans les grands jardins, les chinois se ménagent des
» scènes différentes pour le matin, le midi et le soir, et ils
» élèvent aux points de vue convenables des édifices propres
» aux divertissemens de chaque partie du jour. Les petits

» jardins, où, comme on l'a dit, un seul arrangement pro-
» duit plusieurs représentations, offrent de la même manière,
» aux divers points de vue, des bâtimens qui, par leur usage,
» indiquent le point du jour le plus propre à jouir de la scène
» dans sa perfection.

» Comme le climat de la Chine est excessivement chaud,
» les habitants emploient beaucoup d'eau à leurs jardins.
» Lorsqu'ils sont petits, et que la situation le permet, sou-
» vent tout le terrain est mis sous l'eau, et il n'y reste qu'un
» petit nombre d'îles et de rocs. On fait entrer dans les jar-
» dins spacieux des lacs étendus, des rivières et des canaux.
» On imite la nature, en diversifiant, à son exemple, les
» bords des rivières et des lacs ; tantôt ces bords sont ari-
» des et graveleux ; tantôt ils sont couverts de bois jus-
» qu'au bord de l'eau, plats en quelques endroits, et
» ornés d'arbrisseaux et de fleurs ; dans d'autres, ils se
» changent en rocs escarpés qui forment des cavernes, où
» une partie de l'eau se jette avec autant de bruit que de
» violence. Quelquefois vous voyez des prairies remplies de
» bétail, ou des champs de riz qui s'avancent dans des
» lacs, et qui laissent entre eux des passages pour des
» vaisseaux ; d'autres fois ce sont des bosquets pénétrés en
» divers endroits par des rivières et des ruisseaux capables
» de porter des barques. Ces rivages sont couverts d'arbres,
» dont les branches s'étendent, se joignent, et forment
» en quelques endroits des berceaux sous lesquels les ba-
» teaux passent. Vous êtes aussi ordinairement conduit à
» quelque objet intéressant, à un superbe bâtiment placé
» au sommet d'une montagne coupée en terrasse, à un
» casin situé au milieu d'un lac, à une cascade, à une grotte
» divisée en divers appartemens, à un rocher artificiel,
» ou à quelque autre composition semblable.

» Les rivières suivent rarement la ligne droite ; elles ser-
» pentent et sont interrompues par diverses irrégularités :
» tantôt elles sont étroites, bruyantes et rapides ; tantôt
» lentes, larges et profondes. Des roseaux et d'autres
» plantes et fleurs aquatiques, entre lesquelles se distingue
» le *lienhoa*, qu'on estime le plus, se voient et dans les

» rivières et dans les lacs. Les Chinois y construisent sou-
» vent des moulins et d'autres machines hydrauliques, dont
» le mouvement sert à animer la scène. Ils ont aussi un
» grand nombre de bateaux, de forme et de grandeur dif-
» férentes. Leurs lacs sont semés d'îles, les unes stériles
» et entourées de rochers et d'écueils, les autres enrichies
» de tout ce que la nature et l'art peuvent fournir de plus
» parfait. Ils y introduisent aussi des rocs artificiels, et
» ils surpassent toutes les autres nations dans ce genre de
» composition. Ces ouvrages forment chez eux une profes-
» sion distincte. On trouve à Canton, et probablement
» dans la plupart des autres villes de la Chine, un grand
» nombre d'artisans constamment occupés à ce métier. La
» pierre dont ils se servent pour cet usage vient des côtes
» méridionales de l'empire : elle est bleuâtre et usée par
» l'action des ondes en formes irrégulières. On pousse la
» délicatesse fort loin dans le choix de cette pierre. J'ai
» vu donner plusieurs taëls pour un morceau de la gros-
» seur du poing, lorsque la figure en était belle, et la
» couleur vive. Ces morceaux choisis s'emploient pour les
» paysages des appartemens ; les plus grossiers servent
» aux jardins ; et, étant joints par le moyen d'un ciment
» bleuâtre, ils forment des rocs d'une grandeur considé-
» rable : j'en ai vu qui étaient extrêmement beaux, et qui
» montraient dans l'artiste une élégance de goût peu com-
» mune. Lorsque ces rocs sont grands, on y creuse des
» cavernes et des grottes avec des ouvertures, au travers
» desquelles on aperçoit des lointains. On y voit en divers
» endroits des arbres, des arbrisseaux, des ronces et des
» mousses ; et sur leur sommet on place de petits temples
» et d'autres bâtimens où l'on monte par le moyen de de-
» grés raboteux et irréguliers, taillés dans le roc.

« Lorsqu'il se trouve assez d'eau, et que le terrain est
» convenable, les Chinois ne manquent point de former
» des cascades dans leurs jardins : ils y évitent toute sorte
» de régularités, imitant les opérations de la nature dans
» ces pays montagneux. Les eaux jaillissent des cavernes
» et des sinuosités des rochers. Ici paraît une grande et

» impétueuse cataracte; là, c'est une multitude de petites
» chutes. Quelquefois la vue de la cascade est interceptée
» par des arbres dont les feuilles et les branches ne per-
» mettent que par intervalles de voir les eaux qui tombent
» le long des côtés de la montagne. D'autres fois, au-
» dessus de la partie la plus rapide de la cascade, sont
» jetés d'un roc à l'autre des ponts de bois grossièrement
» faits; et souvent le courant des eaux est interrompu par
» des arbres et des monceaux de pierres que la violence
» du torrent semble y avoir transportés.

« Dans les bosquets, les Chinois varient toujours les
» formes et les couleurs des arbres, joignant ceux dont les
» branches sont grandes et touffues avec ceux qui s'élèvent
» en pyramide, et les verts foncés avec les verts gais. Ils
» y entremêlent des arbres qui portent des fleurs, parmi
» lesquels il y en a plusieurs qui fleurissent la plus grande
» partie de l'année. Entre leurs arbres favoris est une
» espèce de saule : on le trouve toujours parmi ceux qui
» bordent les rivières et les lacs; et ils sont plantés de ma-
» nière que leurs branches pendent sur l'eau. Les Chinois
» introduisent aussi des troncs d'arbres, tantôt debout,
» tantôt couchés sur la terre, et ils poussent fort loin la
» délicatesse sur leurs formes, sur la couleur de leur
» écorce, et même sur leur mousse.

» Rien de plus varié que les moyens qu'ils emploient
» pour exciter la surprise. Ils vous conduisent quelque-
» fois au travers de cavernes et d'allées sombres, au sortir
» desquelles vous vous trouvez subitement frappé de la vue
» d'un paysage délicieux, enrichi de tout ce que la nature
» peut fournir de plus beau. D'autres fois on vous mène
» par des avenues et par des allées qui diminuent et qui
» deviennent raboteuses peu à peu. Le passage est enfin
» tout-à-fait interrompu; des buissons, de ronces et des
» pierres le rendent impraticable, lorsque tout-à-coup s'ou-
» vre à vos yeux une perspective riante et étendue, qui
» vous plaît d'autant plus que vous vous y étiez moins at-
» tendu.

» Un autre artifice de ces peuples, c'est de cacher une

» partie de la composition par le moyen d'arbres et d'autres
» objets intermédiaires ; ce qui excite la curiosité du spec-
» tateur : il veut voir de près, et se trouve, en appro-
» chant, agréablement surpris, par quelque scène inat-
» tendue ou par quelque représentation totalement oppo-
» sée à ce qu'il cherchait : la terminaison des lacs est
» toujours cachée, pour laisser à l'imagination de quoi
» s'exercer. La même règle s'observe, autant qu'il est
» possible, dans toutes compositions chinoises.

« Quoique les Chinois ne soient pas fort habiles en op-
» tique, l'expérience leur a cependant appris que la gran-
» deur apparente des objets diminue, et que leurs cou-
» leurs s'affaiblissent, à mesure qu'ils s'éloignent de l'œil
» du spectateur. Ces observations ont donné lieu à un
» artifice qu'ils mettent quelquefois en œuvre. Ils forment
» des vues en perspective, en introduisant des bâtimens,
» des vaisseaux, et d'autres objets, diminués à proportion
» de leur distance du point de vue. Pour rendre l'illusion
» plus frappante, ils donnent des teintes grisâtres aux
» parties éloignées de la composition, et ils plantent, dans
» le lointain, des arbres d'une couleur moins vive, et
» d'une hauteur plus petite que ceux qui paraissant sur
» le devant : de cette manière, ce qui en soi-même est
» borné et peu considérable devient en apparence grand
» et étendu.

« Ordinairement les Chinois évitent les lignes droites ;
» mais ils ne les rejettent pas toujours. Ils font quelquefois
» des avenues lorsqu'ils ont quelque objet intéressant à
» mettre en vue. Les chemins sont constamment taillés en
» ligne droite, à moins que l'inégalité du terrain ou quel-
» que autre obstacle ne fournisse au moins un prétexte
» pour agir autrement. Lorsque le terrain est entièrement
» uni, il leur paraît absurde de faire une route qui ser-
» pente ; car, disent-ils, c'est ou l'art ou le passage con-
» stant des voyageurs qui l'a faite ; et, dans l'un ou l'au-
» tre cas, il n'est pas naturel de supposer que les hommes
» voulussent choisir la ligne courbe, quand ils peuvent al-
» ler par la droite.

» Ce que nous nommons en anglais *clump*, c'est-à-dire,
» pelotons d'arbres, n'est point inconnu aux Chinois ; mais
» ils ne le mettent pas en œuvre aussi souvent que nous;
» jamais ils n'en occupent tout le terrain. Leurs jardiniers
» considèrent un jardin comme nos peintres considèrent un
» tableau ; et les premiers groupent leurs arbres de la
» même manière que les derniers groupent leurs figures,
» les uns et les autres ayant leurs masses principales et
» secondaires. »

14 Pour chercher un ami qui me parle du cœur.

Ce vers, comme on sait, est de Racine. L'auteur en fait l'application aux charmes du genre irrégulier et naturel, qui, moins éblouissant au premier coup-d'œil, est sans doute plus varié, et d'un intérêt plus durable.

15 Regardez dans Milton, etc.

Plusieurs Anglais prétendent que c'est cette belle description du paradis terrestre, et quelques morceaux de Spencer, qui ont donné l'idée des jardins irréguliers ; et quoiqu'il soit probable, comme je l'ai déjà dit, que ce genre vienne des Chinois, j'ai préféré l'autorité de Milton comme plus poétique. D'ailleurs, j'ai cru qu'on verrait avec plaisir toute la magnificence du plus grand roi du monde, tous les prodiges des arts mis en opposition avec les charmes de la nature naissante, et l'innocence des premières créatures qui l'embellirent, et l'intérêt des premières amours. Je n'ai traduit, ni même imité Milton, qui a dû décrire Eden plus longuement; et quelque humiliante que soit pour moi la comparaison, je crois devoir insérer ici, pour le plaisir du lecteur, cette charmante description. En voici la traduction française.

« Le jardin d'Eden était placé au milieu d'une plaine
» délicieuse, couverte de verdure, qui s'étendait sur le
» sommet d'une haute montagne, et formait, en la cou-
» ronnant, un rempart inaccessible. Tous les côtés de la
» montagne, escarpés et déserts, étaient hérissés de buis-
» sons épais et sauvages qui en défendaient l'abord. Au

» milieu de ces buissons s'élevaient majestueusement à une
» prodigieuse hauteur, des cèdres, des pins, des sapins,
» des palmiers, qui étendaient leurs branches, et, en
» s'embrassant, offraient la décoration d'une scène cham-
» pêtre. En élevant par degrés cimes sur cimes, ombra-
» ges sur ombrages, ils formaient un amphithéâtre dont
» les yeux étaient enchantés. Les arbres les plus élevés por-
» taient leurs têtes jusqu'à la verte palissade, qui, comme
» un mur, environnait le paradis. Du centre de ce beau
» séjour qui dominait tout le reste, notre premier père
» pouvait librement promener sa vue sur son empire, et
» en considérer les contrées voisines. Au-dessus de la pa-
» lissade, et dans l'enceinte du paradis, régnaient tout
» alentour des arbres superbes, chargés des plus beaux
» fruits et de fleurs émaillées des plus brillantes couleurs.

« Au milieu de ce charmant paysage, un jardin encore
» plus délicieux avait eu Dieu lui-même pour ordonnateur.
» Il avait fait sortir de ce fertile sein tous les arbres les
» plus propres à charmer les yeux, à flatter l'odorat et le
» goût. Au milieu d'eux s'élevait l'arbre de vie, d'où
» découlait l'ambroisie d'un or liquide. Non loin était l'ar-
» bre de la science du bien et du mal, qui nous coûte si
» cher; arbre fatal dont le germe a produit la mort!

« Dans ce jardin coulait, vers le midi, une large rivière,
» dont le cours ne changeait point, mais qui disparaissait
» sous la montagne du paradis, dont la masse le couvrait
» entièrement; le Seigneur ayant posé cette montagne, qui
» servait de fondement à son jardin, sur cette onde rapide,
» qui doucement attirée par la terre altérée et poreuse,
» montait dans ses veines jusqu'au sommet, d'où elle sor-
» tait en claire fontaine, et se partageait en plusieurs ruis-
» seaux, qui, après avoir arrosé tout le jardin, se réu-
» nissaient pour se précipiter du haut de cette montagne
» escarpée, et, après avoir formé une superbe cascade, se
» divisaient en quatre principales rivières, et traversaient
» divers empires.

16 Tel est Bleinheim, Bleinheim la gloire de ses maîtres.

Bleinheim est un château orné de superbes jardins, et situé à quelques milles de Londres. Ce château a été construit en vertu d'un arrêt du parlement pour être offert au duc de Marlborough, en récompense de ses brillans services.

17 Je songe, ô Rosamonde, à ta touchante histoire.

Rosamonde, fille du baron Walter de Clifford, a été la première maîtresse de Henri II, roi d'Angleterre, et une des plus belles femmes du royaume. Elle habitait le palais du roi à Woodstock, où a été bâti depuis le château de Bleinheim ; elle quitta ce lieu pour aller s'enfermer dans un couvent où elle mourut pénitente. Addison a fait de Rosamonde le sujet d'un de ses drames.

18 Ah ! pour comble d'honneur, puisse un Spencer nouveau..

Spencer, nom de famille du duc de Marlborough.

19 Adieu, Bleinheim ; Chambord à son tour me rappelle.

Chambord est un château situé près de Blois, qui a été construit pour le maréchal de Saxe.

NOTES

DU CHANT II.

1 Il est des temps affreux où des champs de leurs pères
Des proscrits sont jetés aux terres étrangères.

M. Thomas Weld Esquire a fourni un établissement aux religieux de la Trappe, sur ses terres à Lulworth, près Wareham.

Bar, dans sa description des ordres religieux, etc., donne sur les pères de la Trappe les détails suivans :

L'abbaye de la Trappe a été fondée en 1140, par Rotrou, comte du Perche. Elle fut long-tems célèbre par l'éminente vertu de ses abbés et de ses religieux ; mais elle eut enfin le sort de plusieurs autres maisons de cet ordre, où les religieux, dégénérant de la vertu de leurs pères, abandonnèrent les observances régulières. Cette abbaye ayant été saccagée plusieurs fois pendant les guerres survenues en France, les religieux, réduits à manquer de tout, se soutinrent pendant quelque temps ; mais ils furent enfin contraints de se séparer, et ne revinrent dans leur maison que lorsque les troubles furent finis. Ils étaient alors bien différens de ce qu'ils avaient été, par la corruption qu'ils avaient contractée dans le monde. Depuis cette époque, le dérèglement fit de si grands progrès dans cette abbaye, que les religieux devinrent le scandale du pays, vivaient dispersés çà et là, et ne se rassemblaient que pour faire des parties de chasse et de divertissement. Tel était l'état des choses, quand Armand-Jean Le Bouthilier de Rancé, qui en était abbé, conçut le dessein de les réformer, et de rétablir parmi eux la discipline monastique autant que le malheur des temps pouvait le permettre. Peu à peu on vit renaître dans cette maison les pratiques les plus austères, et ceux qui avaient embrassé la réforme s'efforcer de tendre à la plus haute perfection ; leur vie était partagée entre la lecture, le travail et la prière. A l'heure du travail, chacun quittait sa coule, et, retroussant l'habit de dessous, suivait la tâche qui lui était assignée ; car il ne leur était pas libre de choisir ce qui convenait le plus à leur inclination.

² Mais surtout si l'exil, de leur cloître pieux...

Le poète indique ici l'hospitalité généreuse que les Chartreux et les frères de la Trappe ont trouvée dans leur exil pendant la révolution, en Suisse, dans la Vall-Sainte, au canton de Fribourg, en Westphalie, et surtout en Angleterre, d'où ils sont revenus dans leur patrie en 1817, sous la direction de M. de Lestrange.

(Note de l'éditeur.)

³ Tu connus ce secret, ô toi dont le coteau,
Dont la vaste colline offre un si doux tableau, etc.

Le duc d'Harcourt, fils aîné du maréchal, avait créé dans sa terre d'Harcourt près de Caen, un des plus beaux jardins de France, celui de la *Colline* ; et il y jouissait en sage des charmes de la retraite, lorsqu'il fut nommé gouverneur du Dauphin, premier fils de Louis XVI, qui est mort à Meudon en 1789. Ce duc, qui avait écrit sur les jardins, est mort en 1800, à Londres, où il était depuis plusieurs années ambassadeur du Roi de France.

⁴ Je t'en prends à témoin, jeune Potaveri.

C'est le nom d'un habitant d'O-Taïti, amené en France par M. de Bougainville, célèbre par plus d'un genre de courage, et connu si avantageusement comme militaire et comme voyageur. Le trait que je raconte ici de ce jeune O-Taïtien est très connu et très intéressant. Je n'ai fait que changer le lieu de la scène, que j'ai placée au Jardin du Roi. J'aurais voulu mettre dans mes vers toute la sensibilité qui respire dans le peu de mots qu'il prononçait en embrassant l'arbre qu'il reconnut, et qui lui rappelait sa patrie. *C'est O-Taïti*, disait-il ; et en regardant les autres arbres : *Ce n'est pas O-Taïti*.

⁵ Où l'amour sans pudeur n'est pas sans innocence.

On a remarqué, dans tous les peuples où la société a fait peu de progrès, une certaine innocence dans les mœurs, très différente de la réserve et de la pudeur qui accompagnent toujours la vertu dans les femmes des nations civilisées. Dans l'île d'O-Taïti, dans la plupart des autres îles de la mer du Sud, à Madagascar, etc., les femmes mariées croient se devoir exclusivement à leurs maris, et manquent rarement à la fidélité conjugale ; mais les filles n'y attachent aucune idée de crime, ni même de honte ; elles ne s'assujettissent, ni dans leurs discours, ni dans leur habillement, ni dans leurs manières, à ce que nous regardons comme des devoirs pour leur sexe. Mais chez elles 'est simplicité, et non corruption : elles ne méprisen point les règles de la décence, elles les ignorent. Dans ce pays la nature est grossière ; mais elle n'y est pas dépravée : voilà ce que j'ai essayé de rendre par ce vers.

6 Que votre art les promette, et que l'œil les espère :
Promettre, c'est donner, espérer, c'est jouir.

Ce dernier hémistiche se trouve dans une épître charmante de M. de Saint-Lambert ; c'est par réminiscence qu'il s'est glissé dans mon ouvrage.

NOTES

DU CHANT III.

1 Je sais que dans Harlem plus d'un triste amateur
Au fond de ses jardins s'enferme avec sa fleur.

Harlem est une ville de Hollande où se fait un grand commerce de fleurs. On sait à quel degré d'extravagance des amateurs ont porté dans ce genre l'amour de la rareté et des jouissances exclusives.

2 Du haut des vrais rochers, sa demeure sauvage,
La nature se rit de ces rocs contrefaits,
D'un travail impuissant avortons imparfaits.

En général on ne peut bien imiter les rochers, pas plus que tous les grands effets de la nature. Elle ne permet à l'art de tenter des hardiesses que lorsqu'il combat avec toutes les ressources du génie et de l'opulence. C'est ainsi que s'est formé, d'après les dessins de M. Robert, le superbe rocher de Versailles, dont l'effet ne peut être deviné que par l'imagination, qui le fait voir d'avance coiffé de beaux arbres, et orné de ce que le temps seul peut lui donner de vraisemblance et de beauté.

³ Aux champs de Midleton, aux monts de Dovedale,
Whately, je te suis; viens, j'y monte avec toi.

Midleton et *Dovedale*, vallons dans le Derbyshire renommés par les formes pittoresques de leur chaîne de rochers, décrits par M. Whately, fameux dessinateur de jardins anglais, dont j'ai, ainsi que M. Morel, dans son charmant Traité des Jardins, emprunté quelques traits, tel que celui de la cabane et du pont suspendus sur des précipices. Mais j'ai tâché d'exprimer d'une manière qui m'appartînt les sensations que font naître ces aspects effrayans.

⁴ Délicieux Oatlands! ta plus riche parure, etc.

Oatlands, château dans les environs de Richmond, et résidence de LL. AA. les duc et duchesse d'York.

⁵ Tel j'ai vu ce Twicknham dont Pope est créateur.

Twicknham, village situé à trois lieues de Londres, sur les bords de la Tamise : on y voit encore la maison et le jardin qui avaient appartenu à Pope, et qu'il avait achetés avec le produit de sa traduction d'Homère. Cette propriété, illustrée par Pope, était passée au lord Clair, trop connu par ses exactions dans les Indes et par sa fin déplorable.

NOTES

DU CHANT IV.

¹ Voyez sous ces vieux ifs la tombe où vont descendre
Ceux qui, courbés pour vous sous des sillons ingrats,
Au sein de la misère espèrent le trépas.

Dans ces vers, consacrés aux humbles sépulture des habitans de la campagne, j'ai imité quelques vers du cimetière de Gray.

¹ Dans Stow, je l'avoûrai, l'art plus judicieux, etc.

Stow, château et jardin situés dans le comté de Buckingham. Le propriétaire actuel est lord *Temple*. C'est le jardin de Stow qui a fourni le premier modèle des jardins dits *anglais*.

³ Kiow des plants étrangers a rassemblé le choix.

Kiow, résidence royale à deux lieues de Londres ; on en admire le jardin botanique, où se trouvent les plantes les plus rares des deux hémisphères.

4 Toi surtout, brave Cook, etc.

Tout le monde connait les voyages instructifs et courageux du célèbre et malheureux Cook, et l'ordre que fit donner Louis XVI de respecter son vaisseau sur toutes les mers : ordre qui fait un égal honneur aux sciences, à cet illustre voyageur, et au roi, dont il devenait pour ainsi dire, le sujet par ce genre nouveau de bienfaisance et de protection.

6 D'un bonheur qui n'est plus adore encor l'image.

Alexandre-le-Grand, s'étant rendu maître de Sidon, permit à Éphestion de nommer roi de cette ville qui il voudrait à la place de Straton, qui était resté attaché à Darius. Éphestion offrit la couronne à deux frères chez lesquels il logeait ; mais ils la refusèrent, en alléguant que, selon leurs lois, elle ne pouvait être portée que par un homme qui fût issu du sang royal. Sur la demande qui leur fut faite de désigner celui à qui elle appartenait, ils nommèrent Abdolonyme, qui descendaient des anciens rois de Sidon, mais qui était réduit à faire le métier de jardinier pour vivre. Éphestion chargea les deux frères de lui porter la couronne et les vêtemens royaux. Ils le trouvèrent bêchant son jardin ; et l'ayant revêtu des ornemens royaux,

Ils le conduisirent à Alexandre, qui, ayant distingué en lui un esprit digne de son origine, dit à ceux qui l'entouraient : « Je voudrais savoir comment il a supporté sa pauvreté. — Fasse le ciel, répondit le nouveau roi, que je puisse supporter aussi bien ma prospérité ! » Alexandre fut si charmé de cette réponse, qu'il confirma la nomination faite par Éphestion, donna à Abdolonyme le palais et les biens de Straton son prédécesseur, et même augmenta ses possessions.

C'est ainsi que Quinte-Curce et Justin rapportent l'histoire dans laquelle Delille a puisé son épisode. Comme l'édition où cet épisode fut publié parut à l'époque où l'empereur Alexandre venait de monter sur le trône de Russie, on crut généralement que le poëte avait voulu offrir, dans cette allégorie, un avis qui pût être utile aux princes de la maison de Bourbon, qui se trouvaient alors dans une situation peu différente de celle d'Abdolonyme.

Cette opinion est d'autant plus probable que dans l'invocation qui termine le poëme de la Pitié, publié à Londres vers la même époque, Delille dit encore, en s'adressant au même souverain :

> Souviens-toi de ton nom ; Alexandre autrefois
> Fit monter un vieillard sur le trône des rois.
> Sur le front de Louis tu mettras la couronne ;
> Le sceptre le plus beau est celui que l'on donne.

(*Note de l'éditeur.*)

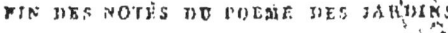

FIN DES NOTES DU POËME DES JARDINS.

www.ingramcontent.com/pod-product-compliance
Lightning Source LLC
Chambersburg PA
CBHW060138100426

42744CB00007B/829